기라성

기막히게 아름다운 우리들의 성이야기

– 노인 전문 성 리더 양성 프로그램 워크북 –

기막히게 **아름**다운 우리들의 **성**이야기

초판 1쇄 발행 2011년 8월 19일

지 은 이 | 김유선 · 조여진
펴 낸 이 | 박정희

기획편집 | 권혁기, 이주연, 최미현, 양송희
마 케 팅 | 김범수, 이광택
관   리 | 유승호, 양소연, 김성은
디 자 인 | 하주연, 이지선, 김윤희
웹서비스 | 이지은, 양채연, 이동민, 윤지혜

펴 낸 곳 | 사회복지전문출판 나눔의집
등록번호 | 제25100-1998-000031호
등록일자 | 1998년 7월 30일

서울시 금천구 가산동 60-3 대륭포스트타워 5차 1105호
대표전화 | 02-2103-2480   **팩스** | 02-2624-4240
홈페이지 | www.ncbook.co.kr / www.issuensight.com

ISBN: 978-89-5810-240-3(93330)

기라성

기막히게 아름다운 우리들의 성이야기

– 노인 전문 성 리더 양성 프로그램 워크북 –

김유선 · 조여진 지음

노인에게 성^性이 중요할까?
노인들은 성을 어떻게 생각할까?

이 두 가지 의문점에서 출발했던 프로그램이었습니다. 사춘기, 청소년기, 성년기 때에 다양한 성교육과 성병 예방에 대한 교육은 흔한 반면, 노인을 위한 전문 성 기관이라든지, 교육 시스템은 흔치 않습니다. 각종 언론 매체에서는 노인들이 성욕을 채우지 못해 범죄를 일으킨 현장, 노인들을 상대로 성매매를 하는 박카스 아줌마, 노인들의 무분별한 성생활로 인한 성병의 증가 등 좋지 않은 소식들뿐이었습니다. 이에 사회복지 현장에 있는 실무자들은 노인의 성과 관련된 문제를 어떻게 해결했으면 좋을지에 대한 방법들을 찾기 시작했습니다.

노인에게 성교육이 과연 필요할까?

이미 손자녀들까지 보신 어르신들에게 과연 성교육이 얼마만큼의 효과가 있으며 또한 성교육에 대한 욕구가 있겠는가? 노인의 성과 관련된 교육이나 예방법에 대한 교육 참여도는 어느 정도일까? 등 다양한 생각을 해보았습니다.

노인에게 필요한 성교육의 내용은 어떻게 구성해야 할까?
노인에게 어떠한 수준에서 성교육을 진행해야 할까?
노인에게 적합한 성교육 강사는 누구인가?

일단, 노년기에 알맞은 성생활 방법, 실생활에 접목할 수 있는 아주 구체적인 것들까지 하나하나 모두 필요한 구성요소였으며, 무엇보다 성 질환에 대한 예방교육이 필요했고, 이에 걸맞은 전문가들을 찾기 시작했습니다.

언제까지 전문가집단을 구성해서 노인에게 일방적으로 성교육을 할 수는 없습니다. 노년의 성에 대한 중요성과 긍정적인 인식 제고를 위해 노인들의 눈높이에 맞는 성교육을 진행하기 위해 우리는 '내 나이 또래의 친구만큼 나를 이해해주는 사람은 없다'는 생각을 통해 노-노老-老 눈높이에 맞는 노인의 성교육을 진행할 수 있는 전문 성 리더 양성을 기획했습니다. 전문 성 리더를 통한 또래 교육을 시도해 보기로 했습니다. 같은 연배年輩인 전문 성 리더가 왜 노인의 성이 중요한지 알려주고, 노년기의 성생활을 소개해준다면 그 어떤 전문가 구성과 전문적 용어가 아니더라도 아주 실질적인 교육이 될 것이라고 생각했습니다.

그러기 위해 노인 성교육을 전문가로부터 교육받을 전문 성 리더들을 모집했고, 다양한 교육과 체험을 시작하여, 최종적으로 스스로 교육에 대한 내용과 강의안을 직접 작성해보면서 노인에게 정말 필요한 교육이 무엇인지 해법을 찾아내기 시작했습니다.

프로그램 초기에는 성교육 프로그램에 대한 저항이 다소 강하게 나타났지만, 프로그램이 종착역으로 향할수록 "진작 배웠더라면, 이제라도 배우고 생각할 수 있게 되어서 감사하다"는 말을 전하며 전문 성 리더들이 변화되는 모습을 볼 수 있었습니다.

기라성 프로그램을 통해 역량강화된 전문 성 리더들이 지역사회 노인들에게 교육과 캠페인을 진행하면서 노년기 성에 대한 긍정적 인식이 변화되는 모습에 감동할 수밖에 없었고, 수동적이고 수혜의 대상자로만 여기던 노인을 능동적인 서비스 제공자로 여길 수 있는 중요한 인식변화의 계기가 되었습니다.

프로그램의 주인공인 전문 성 리더 어르신들에게 너무 자랑스럽다는 말을 전하고 싶고, 프로그램을 원활히 진행할 수 있도록 다양한 슈퍼비전을 해주신 약수노인종합복지관 이금영 관장님, 김경륜 부장님, 사회복지사 선생님들, 조현진 강사, 도은경 강사 등 많은 분들의 도움을 통해서 책을 출간할 수 있었습니다. 마지막으로 이 책이 세상에 알려질 수 있도록 발판을 마련해주신 나눔의집 출판사에 깊은 감사를 드립니다.

1년 동안 프로그램을 진행하면서 어르신들이 노인의 성에 대한 중요성과 긍정적인 인식의 변화된 모습을 보면서 이와 같은 프로그램을 진행함에 있어서 조금이라도 도움이 되었으면 합니다. 사회복지 현장에서 앞으로 노년의 성교육 프로그램 진행에 조금이나마 보탬이 되고, 더 좋은 프로그램을 위한 밑바탕이 되어서 노년의 성교육에 대한 다양한 프로그램이 개발되기를 기원합니다.

세상에 모든 어르신들이 노년의 성 중요성과 긍정적인 성 인식 제고를 통해 행복한 노후생활을 보낼 수 있도록 하는 데 기라성 프로그램이 다양한 기관에 접목되어 활용되기를 진심으로 바래봅니다.

2011년 8월

사회복지사 김유선·조여진

기라성 같은 노년들의 기막힌 성을 기대하며

어느 생애나 성에 관한 이야기는 가장 소중하고 반짝이는 것이어야 한다.

청소년기의 왕성한 성, 중·장년기의 원숙한 성, 모두 아름답다. 그렇다면 노년기의 성은 어떤 것일까? 노년기의 성에 대한 사업을 진행하다 느낀 것은 노년기의 성은 '완숙한 성'이라는 것이다. 이 완숙한 성은 그 어느 생애보다 아름답다.

노년들은 성에 대해 전문가이며 다른 생애보다 선배다. 오랜 세월을 함께한 역사이며, 소통이다. 그래서인지 '완숙한 성'은 수만 개의 모습으로 비춰진다.

노인 현장에서 마주친 노인의 성은 외롭고, 갈등에 힘들어 하고, 자신의 파트너에 대해 너무 몰라서 힘들어 한다. 또한 젊은 날과의 비교로 인해 우울해 하기도 한다. 그런가 하면 자신보다 일찍 떠난 배우자에 대한 그리움, 혼자 남겨진 것에 대한 외로움 때문에 남은 생애를 힘들어 한다. 노년의 성은 그 어느 생애보다 따뜻한 모습을 보이기도 한다.

누군가 노년기의 성을 '즐기는 것, 권리를 누릴 수 있는 것, 상대방의 성을 생각해 주는 것' 이라고 알려준다면 노년의 성은 훨씬 당당할 것이라는 생각이 든다.

그런 필요성에 의해 우리 인구보건복지협회는 2006년부터 노인 성교육·성상담 전문가를 양성해왔고 노인 성상담실 운영, 성교육 자료개발, 황혼미팅을 추진하고 있다. 2010년 약수노인복지관에서의 '노인 성 리더 양성과정'도 본 협회와 파트너십을 갖고 진행되었기에 더욱 의미가 있다. 더구나 또래로 구성된 성 리더이기 때문에 기대가 크다.

노인 전문 성 리더 양성 프로그램 워크북은 노인의 성에 대한 이해를 비롯한 다양한 주제를 다루었기에 유익하고 특히 노년기의 매력적인 성, 양성평등에 대한 부분은 노년에겐 꼭 필요한 부분이라고 하겠다.

　실제로 성 리더 교육에 참가한 노년의 목소리가 전달되어 노인 성교육에 관심을 갖고 있는 비 노인층에게 도움이 될 것이라고 생각된다.

　노년기 삶의 질을 논할 때 '성'에 대한 부분은 꼭 생각해야 할 부분이다. 개인 차원의 문제를 떠나 인생 후반기에 해당되는 '성'의 모습, 내지는 '삶'의 모습이기 때문에 노인복지 차원에서 심도 있게 다뤄주길 바라며 이번 워크북 발간이 그 기폭제가 되기를 기대한다.

인구보건복지협회 고령화대책팀장　정신숙

contents

준비단계

■ **목적**

은밀하고 무관심했던 노인의 성에 대한 올바른 지식과 긍정적인 인식 제고를 위한 전문 성 리더를 양성하여, 노년의 성에 대한 중요성과 긍정적인 인식 개선 및 건강한 삶을 추구할 수 있도록 돕는다.

■ **목표**

- 복지관 이용 대상자를 중심으로 노년기 성에 대한 올바른 정보 제공과 인식 개선을 위한 전문 성 리더를 모집한다.
- 인식 개선을 위한 자발적인 노인 전문 성 리더 발굴 및 양성 교육 프로그램을 지원한다.
- 노인 전문 성 리더가 지역사회 노인을 대상으로 교육 및 캠페인 활동을 통해 바람직한 노년기의 성을 확립하도록 한다.

세부 프로그램명	주요 내용
노인 전문 성 리더 모집을 위한 준비단계	· 프로그램 홍보 · 대상자 모집 · 노년의 성 인식을 확산시키는 단계

01 | 기라성 프로그램

1) 필요성

노년기는 중장년기의 발달단계에서 새로운 발달단계 시작을 의미한다. 이에 따라 개인적인 신체 변화 및 질병, 성적 욕구의 증감, 배우자의 상실, 부부관계의 변화 등 근본적인 노년기에 대한 개인적·사회적 측면에서 이해해야 한다.

노년기 이전의 세대와 같은 보편적인 성교육 방법으로 노년기의 성에 접근하는 것은 큰 오산이며 오히려 역효과를 불러일으킬 수 있다. 신체적 쾌락과 정서적 만족감으로 채워지는 것이 아름다운 성이라고 이야기하지만, 정작 노인의 성에 대해서는 개인적·사회적 편견이 작용한다. 노인이 지니고 있는 성적 능력에 대한 자신감 상실이 심화됨에 따라 노인의 성적 욕구나 능력에 대한 사회적 편견이 확대돼 노인의 성에 대한 태도와 성행위를 제약하는 요인이 된다. 그러므로 노년기 성에 대한 이해에서 시작해 그로부터 파생되는 부부관계 향상법, 안전한 성생활을 위한 방법, 성기능 장애와 치료법, 노년기 성병 예방 등 노년기 성에 대한 근본적인 이해가 요구된다.

노년기의 신체적 변화와 성 기능의 변화, 올바른 성생활에 대한 인식 확산을 위한 교육 제공이 필요하며, 또한 노년기 성에 대한 관심과 개인적 문제를 해결하기 위한 노년기에 적합한 전문 성교육 프로그램이 필요하다.

노인 전문 성교육을 통해 노년기의 부부생활의 질을 향상시킬 수 있으며, 노인 성매매, 성병 확산 등의 사회문제를 개선하고 감소시킬 수 있으며 노인 성교육은 예방적 기능을 넘어 사회적 통합과 안정에 기여할 수 있다.

궁극적으로는 사회적·개인적으로 노인들의 삶의 질 향상에 기여할 것이며, 노인 스스로와 지역사회에 잘못된 노년기 성에 대한 편견을 제거함으로써 건강하고 만족스러운 노후 생활을 보낼 수 있을 것이다. 나아가 현재 아동, 청소년, 청·장년층들에게도 올바른 노년기의 성 문화 인식을 준비할 수 있는 중요한 기회를 제공할 것이다.

2) 목적

노인의 성에 대해 교육적 욕구가 있는 노인을 대상으로 올바른 지식과 인식교육을 통해 전문 성 리더를 양성한다. 양성된 전문 성 리더들이 지역사회 노인들을 대상으로 전문화된 성교육을 전달하여 노년기 성에 대한 긍정적 인식 개선 및 건강한 삶을 추구할 수 있도록 돕고자 한다.

3) 목표

- 복지관 이용 대상자를 중심으로 노년기 성에 대한 올바른 정보 제공 및 전문 성 리더를 모집한다.
  - 프로그램 홍보를 위해 일반 노인을 대상으로 노년기 성 문화에 대한 교육을 실시한다.
  - 교육 후 노인 전문 성 리더 선발을 위해 홍보 및 모집을 진행한다.
- 인식 개선을 위한 자발적인 노인 전문 성 리더 발굴 및 양성 교육을 지원한다.
  - 리더십 강화, 역량강화를 위한 워크숍을 실시한다.
  - 연 12회 전문가 양성 교육과정을 실시한다.
  - 월 1회 자조모임 및 특별활동 운영으로 유대감 형성을 돕는다.
- 노인 전문 성 리더가 지역사회 노인을 주 대상으로 하여 교육 및 캠페인 활동을 통해 긍정적으로 노년기 성에 대한 인식을 개선할 수 있도록 돕는다.
  - 지역사회 내 교육장소를 20곳 이상 발굴한다.
  - 연 20회 이상의 인식 개선 교육을 실시한다.

4) 프로그램 대상

프로그램의 대상은 복지관 이용 대상자를 중심으로 하여 일반적인 노년기 성문제에 대한 인식 여부를 파악한다. 그 중 교육적 욕구가 있는 노인 전문 성 리더를 모집하여 전문가 집단을 구성하여, 전문 성 리더 양성 프로그램을 실시한 후, 노인 스스로가 노년기 성 인식을 개선하기 위한 교육활동을 최종 목표로 삼는다.

겉으로 드러난 성문제에 접근하기보다는, 노년기 성에 대한 사회 인식을 개선하기 위해 본질적인 부부집단 프로그램을 중심으로 진행하며, 이를 통해 역량강화된 전문 성 리더들이 지역사회 노인들에게 교육을 실시함으로써 교육의 시너지효과를 극대화하고자 한다.

5) 프로그램 구성

이 프로그램은 올바른 노년기 성에 대한 정보를 제공하고, 전문 성 리더를 양성하여 노인의 자조적 활동을 활성화하고자 예방교육 차원의 인성 프로그램에 기반을 두고 있으며, 프로그램 진행에 있어서는 시청각 자료 및 경험을 바탕으로 다양한 매체를 활용하도록 구성되었다.

기라성 프로그램의 내용은 노인 전문 성 리더 양성 프로그램과 리더들을 통한 지역사회 인식 개선 활동 등으로 크게 두 가지로 구분된다.

〈Part 1〉은 노인 전문 성 리더 모집을 위한 준비단계이며, 프로그램의 전반적 홍보단계이다. 이때, 복지관 이용 대상자들에게 많은 홍보를 통해 관심을 증대시키며, 소수집단으로 전문 성 리더 양성 프로그램이 진행되지만, 노년기 성 인식을 확산시켜줄 수 있는 단계이다. 전문가 과정의 과업을 이루기 위해서는 무엇보다도 대상자 모집의 공정성, 홍보, 인식 여부 파악 등이 중요하다.

〈Part 2〉는 전문기로서의 교육 및 기술을 익히는 단계이다. 왜 노인의 성이 중요한지, 왜 이러한 교육이 필요한지, 12회기에 걸친 전문 양성교육과 체험학습, 자조모임과 리더십 및 역량강화 프로그램으로 나뉘어 진행된다. 전문가 교육과정을 통해 노인 전문 성 리더로서의 양성을 꾀하며, 성과 관련된 다양한 문화를 접하고 이를 나누면서 왜 노인의 성을 배워야 하는지 배움의 근본적인 목적을 이해하는 단계이다.

더불어 주입식 교육에서 벗어나, 자조모임과 리더십 및 역량강화 프로그램을 통해 보다 능동적이고 자기주도적 리더로서의 발달과업을 성취할 수 있는 단계이다.

〈Part 3〉은 앞서 배운 양성교육 과정에 대한 지역사회 인식 확산단계이다. 거대하고 유창한 성교육이 아닌, 전문 성 리더들이 스스로 고민하고 정리했던 핵심 내용들을 전달할 대상자를 발굴하여, 지역사회에 노년의 성교육을 진행하는 데 목표가 있다. 누구에게 이 교육을 실시할 것이며, 어떤 식으로 교육할 것이며, 누가 교육을 전달할 것인지에 대한 결정들을 이 과정에서 하게 되며, 가능하면 다양한 지역과 대상층에게 교육할 수 있도록 노

전체 과정	성과목표	프로그램명	수행방법
Part 1. 준비단계	노년기 성에 대한 인식 여부, 교육에 대한 효과성 측정	일반 노인대상 전체 교육	· 복지관 이용 대상자를 중심으로 프로그램 홍보 · 보건소 및 상담센터 등을 통한 전문강사 초빙 · 총 2회에 걸쳐 노인 성문제에 대한 현실, 심각성 등 정보 제공 위주의 교육 실시
	노인 전문 성 리더 신청 대비 모집 결과 달성 정도	리더 모집	· 전체 교육 후에 참여자 모집 · 자발적 참여 의사가 있는 노인을 우선적으로 신청 접수 · 리더 경험이 있는 노인을 우선적으로 선발 모집
Part 2. 노인 전문 성 리더 양성단계	성에 대한 긍정적 인식 및 리더십 향상	전문 성 리더 양성 프로그램 (1회기~12회기)	· 전문가를 통한 리더 양성교육을 주1회 2시간씩 총 12회 실시 · 수준별 양성교육 실시 · 부부친밀감, 성 인식 검사, 성생활 만족도, 자아존중감, 생활만족도 사전검사 실시 · 성의 개념, 생활, 태도, 인식변화 등 집단상담을 통한 프로그램 진행
		특별활동 프로그램	· 성관련 박물관 및 과학관 견학 프로그램 총 2회 실시 · 직접 관찰하고 조사함으로써 성 전문가로서의 자질 능력 향상
	리더 간의 유대감 및 소속감 증대	자조모임	· 월 1회 자조모임 운영 · 리더로서의 활동 계획 및 논의 · 월별 활동계획에 대한 점검, 평가, 향후 계획 수립 · 교육가능 정도 점검 및 추가 자체 스터디 운영
		리더십 관계강화 프로그램	· 집단 소속감 증대 및 리더십 강화를 위한 프로그램 실시(리더십 강화 워크숍) · 나들이, 송년회 등을 통한 집단 소속감 향상 프로그램
Part 3. 지역사회 확산단계	노년기 성에 대한 긍정적 인식 향상	교육대상자 발굴	· 리더 스스로 교육장소 및 대상자 선정작업 · 경로당 및 노인복지관, 지역사회복지관 발굴작업
		인식 개선 교육	· 외부 성교육 강의 진행과 인식 개선 제고를 위한 캠페인 활동 실시 · 총 20회 이상의 인식개선 교육 실시
Part 4. 평가단계	프로그램 효과성 검증 및 지역사회 파급효과 분석	프로그램 사후검사	· 부부친밀감, 성인식, 성생활 만족도, 자아존중감, 생활의 만족도 사후검사 후 사전검사와 비교 분석
		프로그램 제언	· 프로그램 효과성 검증 및 향후 방향성 제시 · 프로그램 제언 및 차년도 계획

력하는 단계이다. 또한, 교육의 효과성을 측정하기 위한 간단한 설문조사를 병행하여 보다 객관화된 결과를 도출할 수 있도록 한다.

〈Part 4〉는 프로그램의 전반적 평가단계이다. 프로그램 준비단계부터 지역사회 확산 단계에 이르기까지 사전-사후검사를 통해 프로그램의 효과성을 검증하고자 하였으며, 참여자와 구성원들이 직접 작성한 후기나 제언을 통해 차년도 사업계획 수정 및 변화를 꾀하고자 한다.

TIP

프로그램 준비 과정

1. 전반적인 노인복지 현황, 정책을 살펴보기
2. 현재 이슈화 되는 노인문제 중에서 프로그램 개발을 통해서 문제를 해결할 수 있는지? 또는 감소시킬 수 있는지에 대한 방법을 생각하여, 프로그램을 개발한다.
3. 프로그램의 필요성과 파급효과에 대한 생각하기
   ☞ 깔때기 기법 이용하기: 깔때기 모양을 생각하면 주둥이는 넓고, 아래로 내려 갈수록 좁아진다. 거시적인 부분에서 미시적인 부분으로 생각을 점점 좁혀주는 과정으로서 프로그램의 필요성과 파급효과를 생각하면 된다.
4. 프로그램 개발 시 관련 문헌 검토와 유사 프로그램이 있는지 사전조사를 실시한다.
5. 아무리 좋은 프로그램이라도 프로그램 참여자가 없으면 프로그램의 의미가 없다. 프로그램 참여자를 모집하기 위해 복지관 관내 홍보 방송, 게시판을 이용하자. 적극적인 홍보를 통해 진행 프로그램과 성격이 맞는 집단에 포커스를 두어 프로그램 참여자를 모집한다.

6) 기대효과

- 노인들 스스로가 인식개선 교육을 통해 노년기 성에 대한 중요성을 인식할 수 있는 계기가 될 것이다.
- 전문 성 리더 양성 프로그램을 통해서 성교육에 대한 필요성을 인식하고 노인 세대의 전문 성 리더로서 책임감과 리더십이 강화될 것이다.
- 역량강화된 리더들이 지역사회 노인에게 교육을 실시함으로써, 노년기 성에 대한 중요성에 보다 쉽게 접근할 수 있을 것이다.
- 향후 노인들 스스로가 노년기 성을 인식하고 지키려고 노력하게 될 것이며, 궁극적

으로, 노년기의 성에 대한 바람직한 자아상을 형성하게 될 것이다.

7) 유의점

- 기라성 프로그램 리더 모집은 노인 스스로의 의견과 결정을 존중하며 강압적인 참여
  는 지양한다.
- 진행자는 집단 상호 간의 신뢰관계 형성에 주력하며 긍정적 관계가 유지될 수 있도록
  긍정적인 강화 촉진역할을 다양하고 적절하게 사용해야 한다.
- 교육 자료와 다소 상이한 내용이더라도 노인들 스스로가 받아들일 수 있는 한계를
  인식하고, 그 이상은 강요하지 않도록 한다.
- 일부 내용은 지면 제약으로 집약했으므로 필요에 따라 프로그램을 재구성하여 사용
  하도록 한다.

| 그림 1-1 | 기라성 전체 프로그램 운영 과정

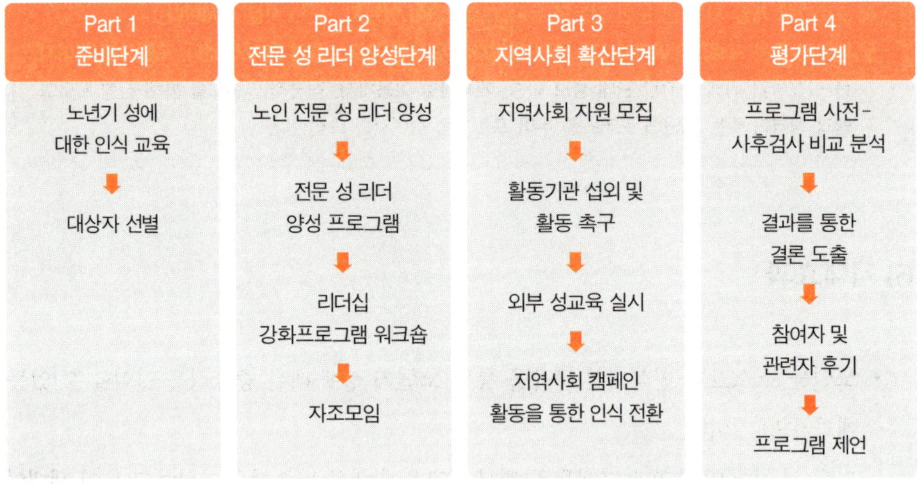

| 그림 1-2 | 기라성 프로그램 수행과정

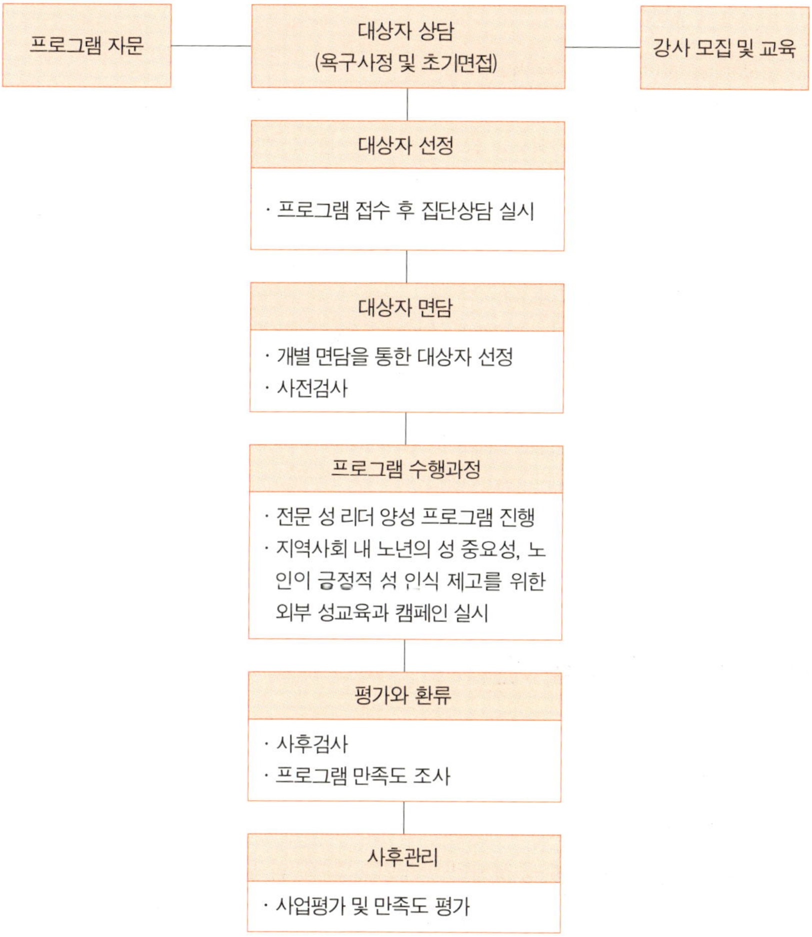

TIP

등록신청서 만들기

1. 프로그램 등록신청서에 참여자의 기본 인적사항을 기입한다.
2. 담당자는 프로그램에 참여하고자 하는 참여자와의 라포 형성 및 프로그램 관리를 위하여 신청서 작성 시 사진란을 만든다.
3. 서약서를 작성하도록 하여 프로그램 참여에 대한 책임성을 부여한다.
4. 그 밖에 프로그램 신청동기, 프로그램 참여 목적 등을 간단히 적을 수 있는 비고란을 만들어서 사용해도 무관하다.

1. 노인 성교육과 관련된 기관 또는 센터를 찾는다.

　☞ 상담센터, 지역 보건소, 병원 중심으로 인터넷 검색 및 담당자와 전화상담을 한다.

2. 노인의 성과 관련된 기관을 선정하고, 강사 추천 의뢰서를 작성한다.

3. 강사 이력서와 관련 경력을 검토하여 프로그램에 적합한 강사인지 내부 회의를 통해서 선정한다.

4. 서류를 통한 강사를 선정한 후, 강사 면담을 실시한다.

5. 면담을 통해서 프로그램에 적합한지, 교육 커리큘럼을 논의한다.

6. 최종적으로 강사 협약서를 작성한다.

7. 프로그램 회기별 주제를 정하고, 프로그램 대상자 선정을 논의한다.

8. 노인대상 프로그램 진행 시 주의사항을 논의한다.

02 | 대상자 선정

1) 대상자 욕구사정 및 초기면접

(1) 복지관 회원 중 60세 이상인 자

(2) 전문 성 리더 역할을 희망하는 자

(3) 노년의 성에 대한 중요성과 긍정적인 인식의 전환을 위해 활동할 수 있는 자

(4) 외부 기관에 파견되어 노년의 성교육을 진행할 수 있는 자

☞ (1)~(4)에 충족한 프로그램 희망자에 한해서 대상자를 모집하고, 초기 면접에 신청서
　를 바탕으로 간단한 욕구사정 및 초기면접을 진행한다.

- 기존 자료의 활용: 각종 사회조사나 기수행된 연구 자료들을 활용하여, 지역사회의 욕구를 추정하여 자료를 수집하는 방법이다.
- 서비스 제공자 조사: 기관의 관리자나 개별 업무자들에게서 직접 자료를 수집하거나, 기관이 축적하고 있는 기존 자료를 자료 수집의 대상으로 한다. 면접조사, 설문조사, 모니터링과 인테이크 자료 등이 이에 해당한다.
- 지역주민 조사: 지역주민을 대상으로 의견을 수렴하는 조사다. 지역주민 당사자에게 직접 설문조사할 수도 있고, 지역사회 포럼(community forum)을 열어 지역사회의 다양한 구성원들로부터 가치나 태도, 의견 등을 직접 청취하여 자료를 수집하는 방법이다.
- 주요 정보제공자 조사: 지역주민의 문제에 대한 정보를 가장 적절히 파악한다고 여겨지는 사람들을 대상으로 수행하는 욕구 조사의 한 형태이다. 지역의 통반장, 아파트 관리인 등 수요자 측의 정보를 적절하게 대변하는 사람들이 포함되고, 한편으로 지역사회 문제에 대한 전문가 집단이 주요 정보제공자에 해당될 수도 있다.

* 김영종(2010), 『사회복지조사방법론』, 학지사.

2) 대상자 선정

(1) 대상자 선정은 체크 리스트를 활용해, 개별 점수화하여 점수가 높은 대상자를 중심으로 선발한다(〈표 1-2〉참조).

(2) 실질적으로 전문 성 리더 역할을 수행할 수 있는 대상자를 선발한다.

(3) 노년의 성에 대한 개념, 필요성, 행복한 노년의 성을 위한 방법에 대해 외부 성교육을 진행할 수 있는 대상자를 선발한다.

- 프로그램에 자발적인 참여를 희망하는 자를 선착순으로 모집하되, 개별 면담 후 대상자 선정
  - 지역사회 및 노인복지관, 경로당에 외부 성교육을 진행할 수 있는 자
  - 프로그램에 적극적으로 참여 가능한 자
  - 프로그램에 긍정적 영향을 주는 자
- 접수 후 집단상담 실시
  - 프로그램 오리엔테이션
  - 노년의 성 중요성, 노년의 긍정적 성 인식 제고를 위해 전문 성 리더 양성 프로그램을 소개

| 표 1-2 | 대상자 선정 체크 리스트

구분	내 용	체크 리스트				
		1	2	3	4	5
1	전문 성 리더 양성 프로그램에 빠지지 않고 출석할 수 있는 어르신					
2	노년의 성에 대해 고정관념이 없는 어르신					
3	노년의 성에 대한 개념과 필요성에 대해 이해하고 공감하는 어르신					
4	나만의 행복한 노년을 보내는 방법이 있는 어르신					
5	지역사회에 외부 성교육을 진행할 수 있는 어르신					
6	프레젠테이션을 활용해 강의안을 작성할 수 있는 어르신					
7	프로그램 진행 시 적극적으로 참여하고, 프로그램에 긍정적인 영향을 줄 수 있는 어르신					
8	프로그램에 참여하고자 하는 의지가 강한 어르신					
9	건강하고, 외부 활동이 가능한 어르신					

※ 점수가 높을수록 프로그램 대상자에 적합함을 의미한다.

3) 대상자와 집단 면담

집단 면담을 통해서 프로그램의 주제 및 방향성에 대해서 논의할 수 있고, 앞으로 참여하게 될 집단의 특성을 파악할 수 있다.

집단 면담의 준비

1. 면담의 주제 또는 목적을 정한다.
2. 집단의 크기와 시간 및 장소를 정한다.
3. 면담의 목적과 시간 및 장소를 알리는 공고문을 내거나, 안내문을 배포한다.
   ☞ 약 1주일 전에 사전 통보하여 위의 내용을 알리고 면담을 준비할 수 있도록 한다.
4. 프로그램 초기면접, 대상자 선정 파일을 토대로 준비한다.
5. 면담장소의 환경을 정리하고 준비한다. 실내 온도 및 환기, 조명을 적절하게 유지, 준비하며 자리는 원형으로 배치하여 편안한 분위기를 만든다.

기라성 등록신청서

No.

사 진	성　명		주민등록번호	
	주　소			
	전화번호		휴 대 폰	
	이 메 일			

	가족사항 가족 구성 형태	☐ 독거　　☐ 독거+자녀　　☐ 독거+손자녀
	종　　교	☐ 천주교　　☐ 기독교　　☐ 불교　　☐ 기타
	학　　력	☐ 대졸　☐ 고졸　☐ 중졸　☐ 초졸　☐ 기타
	대상 구분	☐ 일반　☐ 수급자　☐ 차상위　☐ 국가유공자

노년의 긍정적 성 인식 제고를 위한 전문 성 리더 양성 프로그램

서 약 서

'기라성 전문 성 리더 양성 프로그램'에 참여하는 것에 동의하며, 다음과 같은 사항을 지킬 것을 서약합니다.

1. 프로그램 진행 시 개인적인 내용에 대한 비밀을 보장합니다.
2. 프로그램에 적극적으로 참여합니다.
3. 프로그램 강사 및 담당 사회복지사에게 협조합니다.
4. 프로그램 외부활동, 평가회의에 참여합니다.

신청인:　　　　　　(서명)

년　　월　　일

※ 프로그램 신청서에서 주민등록번호 기재란은 외부 활동 시 보험에 가입할 때 필요하며, 외부 성교육 자원봉사활동 인증(VMS) 등록 시 필요하다.

대상자 파일

No.

사 진	성 명		주민등록번호	
	주 소			
	전화번호		휴 대 폰	
	이 메 일			

대상자 면담 기록지

■ 프로그램명 :

■ 면담 시간 :

■ 프로그램 참여 동기 :

■ 대상자 욕구 :

■ 프로그램 참여자 체크 리스트

　　☐ 프로그램에 적극적으로 참여할 의사

　　☐ 노년의 전문 성 리더 역할을 적극적으로 수행하고자 하는 의사

　　☐ 전문 성 리더 양성교육 이수 후, 지역사회에 외부 성교육 진행이 가능한 자

　　☐ 노년의 성에 대한 긍정적인 인식 제고를 위한 다양한 활동을 할 수 있는 의사

■ 담당자 의견 :

상담자:　　　　　　　(서명)

년　　월　　일

※ 초기상담 진행 시, 대상자 파일에 기록한다. 이는 대상자 선별 시 중요한 자료가 되며, 집단상담을 진행하는 데 참고할 수 있는 기록 자료이다. 대상자 파일을 작성한 후, 대상자 선정 체크 리스트를 작성한다(〈표 1-2〉 참조).

서 약 서

　본인은 '기' 막히게 '아'름다운 노년의 '성' '기라성' 전문 성 리더 양성 프로그램에 적극적으로 참여합니다.

　프로그램 참여 시 비밀보장 원칙과 정해진 규칙을 준수하고 전문 성 리더의 역할을 수행할 것입니다.

년　　월　　일

참가자　　　　　(인)

※ 서약서는 프로그램 오리엔테이션 때 작성하며, 프로그램에 적극적으로 참여하고자 하는 약속의 서약서이다. 또한 비밀 보장 원칙에 대한 중요성을 언급하면서 프로그램 과정에서 주고받았던 이야기를 외부에 누설하지 않도록 약속하는 시간이다.

집단 면담 참석 안내문

안녕하세요!

사회복지사 _________ 입니다.

기막히게 아름다운 우리들의 성 '기라성' 프로그램을 신청해주신 어르신들 감사합니다. _________년____월____일_________에서 집단 면담이 있습니다.

노년의 성에 대한 중요성과 더 나은 프로그램 방향성을 위해 어르신들의 의견을 나누고자 하오니, 아래와 같은 내용을 준비하시고 한 분도 빠짐없이 참석하여 주시기를 바랍니다.

집단 면담 내용

- 내가 생각하는 노년기 성
- 노년기 성에 대한 고정관념

일시 및 장소

- _________년____월____일____시, 복지관 내 _______________

○○ 노인종합복지관장

집단 면담 참석 가능 여부를 표시하여, ___월 ___일까지 담당 사회복지사에게 제출해주시면, 준비하는 데 도움이 될 것입니다.

----------------------------- 절 취 선 -----------------------------

이 름: **연락처:**

　　　　※ 참석 할 수 있다. (　　)

　　　　※ 참석 할 수 없다. (　　)

※ 집단 면담에 대한 안내문 제작을 위해서는 참여자들이 준비할 수 있도록 집단 면담 내용과 날짜, 시간, 장소를 명확히 밝혀 대상자 참석을 유도한다.

전문 성 리더 양성단계

▨ 목적

노인의 성에 대해 교육적 욕구가 있는 노인을 대상으로 올바른 지식과 인식교육을 통해 노인 전문 성 리더를 양성하고, 지역사회 내 노인을 교육하여 긍정적인 노인의 성 인식개선 및 건강한 삶을 추구할 수 있도록 돕고자 한다.

▨ 목표

- 노년기 성에 대해 알리고, 홍보를 통해 노인 전문 성 리더 20명 이상을 모집한다.
- 교육 욕구가 있는 노인을 대상으로 전문가들을 통한 노인의 성 지식전달 및 인식개선 교육을 통한 긍정적 인식을 향상하고자 한다.
- 지역 내 경로당 및 복지관 이용자들을 대상으로 소그룹별 교육을 통해 노년의 성에 대한 인식개선 및 긍정적 인식 향상을 도모한다.

세부 프로그램명	주요 내용
전문 성 리더 발굴	전문 성 리더 발굴을 위한 노인의 성 문제점 및 시사성을 알리기 위한 교육, 다양한 홍보활동을 통한 노인 전문 성 리더 모집
리더 양성교육	총 12회 실시, 각 분야별 전문가(노인 성 상담사, 보건소 등)를 통한 질 높은 교육 실시, 리더로서의 자질 능력 향상, 참여자 인식개선 변화 사전-사후검사 진행
지역 내 노인을 위한 교육	노년의 성 인식개선을 위한 교육 실시, 노인의 성에 대한 편견 및 오해와 건강한 노인의 성생활에 대해 교육, 교육 전후의 인식개선 변화 측정

1

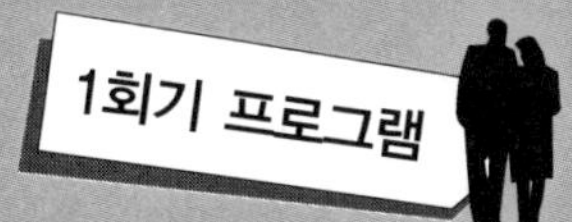

오리엔테이션과 사전검사

활동목표	1. 사전검사를 통해 현재 노년기에 대한 생각과 태도를 측정한다. 2. 프로그램에 참여하는 구성원들과 라포를 형성한다
회 기	1회기(80분)
준비물	사전검사지, 활동 워크지, 필기도구, 돋보기, 종이접시, 탁구공, 색깔 스티커
한 발짝 다가서기	■ 프로그램에 수강한 집단의 특징을 살펴봐야 한다. 노인을 대상으로 진행하는 성교육은 아직도 낯설기 때문에 집단 성격에 맞는 성교육 프로그램을 진행해야 한다. ■ 프로그램 집단이 부부로 이뤄졌기 때문에 부부가 아닌 개별적으로 프로그램에 참여할 수 있도록 해야 한다. ■ 집단대상 프로그램을 진행하기 위해서 강사는 오리엔테이션 시간에 집단 특성을 잘 이해하고 있어야 한다. ■ 프로그램 첫 시간에 구성원들은 강사에 대한 초기 저항이 있으므로 이 부분에 대해 강사는 자기만의 전략을 겸비해야 한다. ■ 초기 프로그램 진행 시 강사는 수강생들의 의견을 수렴하되, 강사만의 뚜렷한 주관이 있어야 한다. ■ 강사에 대한 초기 저항은 프로그램 진행 시 자연스러운 현상이나, 저항현상이 지속된다면 프로그램에 부정적인 영향을 줄 수 있으므로, 프로그램 담당자의 개입이 필요하다.

활동과정	활동내용	시간(분)
도입	1) 프로그램 소개를 통해 강사와의 첫 만남을 가진다. 2) 프로그램에 대한 전반적인 소개를 한다.	10분
전개	1) 사전검사 척도를 설명한다. (10분) · 부부친밀감 검사 · 성 인식 검사 · 성생활 만족도 검사 · 자아존중감 검사 · 생활만족도 검사 2) 사전검사를 진행한다. (30분) 3) 노년기 성에 대해 이해한다. (10분) · 워크지를 통한 각자의 의견 적어보기 · 내가 생각하는 노인의 성에 대해서 적어보기 · 현재 가지고 있는 성과 관련된 문제, 고민에 대해 적어보기	50분
마무리	1) 사전검사와 워크지 작성에 대한 스트레스 해소 및 프로그램에 참여한 구성원들과의 라포 형성을 위해 종이접시 탁구놀이를 진행한다.	20분

01 | 도입단계(10분)

1) 프로그램 소개

(1) 사회복지사가 프로그램에 대한 전반적인 개괄과 외부 전문 강사를 소개한다.

(2) 강사가 직접 자기소개를 하고, 프로그램의 오리엔테이션을 진행한다.

TIP

역할이야기

1. 사회복지사
- 사회적 이슈를 반영한 프로그램 개발자의 역할
- 프로그램에 적극적으로 참여할 수 있도록 대상자에게 동기부여를 하는 조력자 역할
- 노년의 성에 대한 고정관념을 깨기 위한 변화자의 역할
- 프로그램의 방향성을 체크하는 조정자 역할
- 지역사회 자원을 발굴하는 체계 개발자의 역할
- 프로그램 참여자, 사회복지사, 강사, 슈퍼바이저, 자원봉사자 간의 의견조합을 위한 중재자의 역할
- 프로그램의 평가자의 역할

2. 강사
- 전문 성 리더 양성을 위한 노년기 성에 대한 개념 및 성 지식 제공자의 역할
- 노인 전문 성 리더 양성교육 프로그램의 진행자의 역할
- 전문 성 리더들의 교수법을 제공하는 교육자의 역할

3. 슈퍼바이저
- 프로그램의 총괄 방향성을 제시하는 조력자의 역할
- 전반적인 프로그램 피드백 제공자의 역할
- 프로그램 최종 평가자의 역할

4. 전문 성 리더
- 기라성 프로그램의 양성교육 과정 참여자의 역할
- 노년의 성에 대한 고정관념을 깨기 위한 행동가의 역할
- 외부 성교육을 진행하는 교육자의 역할

2) 사전검사 소개 및 진행

(1) 전문 성 리더 양성을 위한 프로그램 효과성을 검증하기 위한 사전검사 척도를 이용한다.

(2) 사전검사 척도로서 성과 관련된 부부친밀감, 성 인식, 성생활 만족도, 자아존중감, 생활만족도 검사 척도를 이용한다.

(3) 추후 사전-사후검사를 비교 분석하여 프로그램 수강자의 변화를 알아본다.

TIP

사전-사후검사 척도 구성하기

- 프로그램 주제에 맞는 척도를 이용하기 위해서는 주제와 관련된 문헌고찰이 필요하다. 관련 서적과 논문 검색을 통해서 이론적 배경, 관련 척도의 연구 결과에 대해서 꼼꼼히 살펴보자.
- 자료 참고 시 학술 검색 사이트(국회도서관, KERIS의 RISS, Google Scholar, NDSL 등)를 이용하면 좋다.

척도 선택을 위한 지침*
1. 척도가 목적에 적합한가?
2. 척도의 신뢰도, 타당도, 민감도, 특이도, 반응도의 정도는 어떠한가?
3. 누가 척도를 활용하는가?
4. 누구를 평가하기 위해 척도가 개발되었는가?
5. 척도를 이용하여 조사하는 데 얼마나 시간이 필요한가?
6. 조사자나 조사대상자의 척도에 대한 수락가능성은 어떠한가?
7. 척도의 채점방식은 무엇인가?
8. 척도의 항목별 점수에 가중치를 주는가?
9. 결과를 통해 동료나 다른 전문가와 의사소통이 가능한가?

* 한국노년학포럼(2011), 『노년학 척도집』, 나눔의집. p 20.

3) 프로그램 오리엔테이션

(1) 구성원들에게 현재 노인의 성에 대한 정의와 현 사회에서 인식되고 있는 노인의 성에 대해 이야기한다. 구성원들에게 현재 노인의 성과 관련되어 고민거리가 있는지 생각해보는 시간을 가진다.

(2) A4용지에 노인의 성에 대해 자신만의 정의, 생각을 적을 수 있도록 하고 노인의 성과 관련된 고민거리와 프로그램에서 배우고자 하는 주제에 대해서 자유롭게 작성하도록 한다.

02 | 전개단계(50분)

1) 노인의 성에 대해 이야기를 나눈 후, 자발적으로 노인의 성에 대해 발표해본다.

2) 사회에서 인식하고 있는 노인의 성에 대해서 이야기한다.

3) 구성원이 인식하고 있는 노인의 성에 대해서 이야기한다.

4) 남녀 대표들이 서로의 관점에서 생각하는 노인의 성에 대해서 이야기한다.

5) 앞으로 진행되는 전문 성 리더 양성 프로그램에서 배우고자 하는 주제에 대해서 생각해 보도록 한다.

6) 전문 성 리더 양성 프로그램에서 배우고자 하는 주제에 대한 필요성과 프로그램에 참여하는 포부에 대해서 발표한다.

 **Talk Talk!**

노년의 성은 무엇인가?

▨ **하나, 어르신들이 생각하시는 노년의 성은 무엇인가요?**
- 노인의 성은 안 배워서 모르겠다.
- 앞으로 우리가 배우고 알게 될 것 같다.
- 서로 사랑하는 것이다.
- 함께 옆에 있어 주는 것이다.

▨ **둘, 현재 어르신이 가지고 계신 성과 관련된 문제나 고민이 있으시면 솔직하게 적어주세요. 또한 프로그램 속에 넣었으면 하는 주제에 대해 말씀해주세요.**
- 발기 부족이 문제다.
- 전립선 비대로 인하여 성적인 의욕이나 발기 면에 고장이 생기므로 성에 대한 욕구가 감퇴되어 유지하는 방법에 대해 알고 싶다.
- 노인의 성생활을 유지하기 위한 방법이 궁금하다.
- 상상력이나 추상적인 상식은 가지고 있지만 아름다운 성에 대한 지식이 부족하므로 성에 대한 진정한 지식 보급 필요성이 요구된다.

- 남들이 부부관계를 못하면 성질 나빠진다고 하는데 혹시 내 남편도 신경질을 부릴 때면 성관계를 못해서 그런가 하는 생각도 가끔 든다.

03 | 마무리단계(20분)

1) 남녀 대표뿐만 아니라 노인의 성에 대해 2~3명 정도 발표하도록 하여 노인의 성에 대해서 다양한 생각을 공유할 수 있도록 한다.
2) 사회 문화에서 인식되고 있는 노인의 성과 지금 노인들이 생각하고 있는 노인의 성에 대해서 정리하는 시간을 가진다.
3) 노인의 성에 대해서 부부가 집에 돌아가서, 이야기해볼 수 있는 과제를 부여한다.
4) 라포 형성을 위한 게임을 진행한다.
   - ☞ 집단 프로그램을 진행할 경우, 집단의 라포rapport 형성은 중요하다. 전문 성 리더 양성 프로그램인 만큼 서로의 성생활 등 개인적인 부분까지 서로 공유하고, 토론하는 과정이므로 라포 형성은 프로그램 초기에 잘 형성해야 한다.
   - ☞ 집단 구성원들이 서로 유대감을 형성하고 신뢰하기 위해서 함께 하는 공동 작업을 진행하는 것이 좋다. 종이접시 탁구를 한다거나, 도미노 게임을 통해서 개인이 집단에 소속되어 중요한 역할을 하고 있고, 집단과 함께 하고 있음을 주지시켜야 한다.

TIP

라포 형성을 위한 탁구놀이

- 게임 방법: 책상을 탁구대로 이용하여, 종이접시로 탁구공을 친다. 공이 이동하면서 옆 짝꿍과 함께 공이 책상 밖으로 나가지 않도록 서로 호흡하면서 수비를 한다. 공을 수비하지 못하고 책상 밖으로 나가게 되면 수비를 못한 사람의 얼굴에 빨간 스티커를 연지곤지 형식으로 붙인다. 연지곤지 스티커를 총 3장 붙인 사람들끼리 결혼을 한다.
- 게임 효과: 옆 사람과의 호흡 및 전체적으로 팀워크를 이루어서 공을 수비해야 하므로 팀워크가 증진된다.

클라이언트

- 노인들에게 성교육을 진행하다니, 세상 참 많이 변했다. 늙어서 성교육이라? 어떤 교육으로 진행될지 참 궁금하다.
- 부부가 함께 들으니, 서로 다시 정열적으로 관계할 수 있나? 부부가 함께 프로그램을 들을 수 있어서 좋다.
- 다른 부부 이야기를 들으면서 서로 공감대를 형성할 수 있고, 부부집단이라서 우리만의 특색으로 멋진 활동을 할 수 있기를 기대해본다.
- 사전에 하는 설문지가 왜 이리 많은지? 우리를 실험하는 건가? 실험대상자가 된 기분인데, 나눠서 진행하면 좋겠다.
- 사전 설문지를 하고, 탁구게임을 했는데, 너무 재미있다. 프로그램 시간 동안 종이 접시탁구만 했으면 좋겠다.

워커

- 프로그램 참여자들이 성교육 프로그램에 대해 처음에는 낯설게 생각하였고, 사전검사 설문지가 너무 많아서 불만을 토로하였다. 하지만 마무리 단계에서 부부끼리 책상을 붙여 접시탁구를 통해서 부부끼리 단합하는 모습, 공을 책상 밖에 떨어지지 않도록 하는 행동을 통해서 타인을 배려하는 마음을 유도할 수 있는 좋은 라포 형성 게임이었다. 또한 공이 책상 밖으로 나가면 연지곤지 형식으로 얼굴에 스티커를 붙여, 연지곤지가 완성된 참여자들끼리 결혼하는 벌칙도 인상 깊었다.
- 프로그램이 전문 성 리더들을 양성하는 프로그램이므로, 정보를 전달하고, 지식 습득에 대한 교육 과정이 다소 딱딱할 수 있고, 지루할 수 있으나 프로그램 진행과 함께 긴장과 스트레스 해소, 부부의 친밀감을 증진할 수 있도록 프로그램 방향을 조정해야 겠다.
- 전문 성 리더가 되기 위해서 노인의 성에 대한 중요성, 편견에 대한 인식 변환 등 다양한 과제들이 있으므로 처음부터 부담스럽게 진행하기보다는 자연스럽게 회기별로 과제를 하나씩 수행하면서 자신의 역할을 인식할 수 있도록 진행해야 겠다.
- 프로그램에 참여하는 인원, 분위기, 교육수준 등 다양한 변수를 고려하여, 프로그램의 목적을 효과적으로 달성하기 위해서 회기별 프로그램 모니터링을 꼼꼼히 체크해야 겠다.
- 프로그램 진행 후 강사, 워커, 자원봉사자들이 모여 평가회의를 매회 진행해 프로그램에 대한 점검이 필요하다.

강사

- 사전검사가 5종류라 참여자들이 힘들 것이라 예상했지만, 구성원 대다수가 사전검사를 힘들게 작성했으며, 부부끼리 앉아서 사전검사를 진행했기 때문에 남편과 아내가 함께 공통된 답을 하는 경우도 있었다.
- 부부집단은 처음 맡아서, 부부 특징에 맞게 프로그램 방향성을 잡아야겠다. 첫 회기라서 집단 성격을 완전히 파악하지 못했지만, 프로그램을 진행하면서 담당 사회복지와 긴밀한 관계를 유지하면서 프로그램을 원활하게 진행하고 싶다.

- 설문지를 통해 받은 스트레스를 라포 형성을 위한 탁구놀이로 해소할 수 있었던 계기가 된 것 같다. 프로그램 진행을 하되, 스트레스나 부부친밀감을 증진시키는 프로그램도 함께 하여 성교육 프로그램에 대한 교육 만족도를 높일 수 있도록 해야 하겠다.

- '기막히게 아름다운 우리들의 성 이야기'라는 뜻으로 '기라성' 전문 성교육이 이제 막 시작되었습니다. 성 리더 양성 프로그램을 부부대상으로 하는 것은 아마 최초일 것입니다. 부부가 전하는 어르신들의 성 전문가 양성을 위해 앞으로 교육 프로그램 진행 방향, 어르신들의 욕구, 집단 성격에 맞는 프로그램이 되도록 잘 진행해야 하겠습니다.
- 첫 회기 담당자나 강사가 집단의 특성을 파악하기에는 짧은 시간이므로, 추후 진행되는 프로그램을 통해서 전문 성 리더 양성 프로그램을 정착시키도록 합시다.
- 시작이 반이라는 말이 있습니다. 집단 성격이 강하여 처음에는 당황하고 어색할지라도 집단의 특성을 잘 파악하면서 집단이 잘 형성되고 올바른 방향으로 진행될 수 있도록 담당 사회복지사와 강사의 파트너십이 가장 중요합니다.
- 프로그램이 끝난 후, 간단히 평가회의 및 피드백 시간을 가지고, 서로 공유 부분에 대해 전화나 이메일 수신을 통해 원활히 프로그램을 진행할 수 있도록 합시다.

- 부부 대상으로 하는 성교육 프로그램을 참여자들의 욕구에 맞도록 프로그램 방향성 조정

자아존중감 검사

다음 문항들을 어르신이 평상시에 느낀 대로 해당란에 ∨표 하십시오.

	문 항	전혀 그렇지 않다 1	약간 그렇지 않다 2	약간 그렇다 3	매우 그렇다 4
1	나는 가끔 내가 다른 사람이었으면 하고 바란다.				
2	나는 여러 사람 앞에서 이야기하기가 어렵다.				
3	나에게는 고쳐야 할 점이 많다.				
4	나는 어렵지 않게 마음을 결정할 수 있다.				
5	나는 다른 사람들과 재미있게 지낸다.				
6	가족 중엔 나에게 관심을 보여주는 사람이 없다.				
7	나는 새로운 것에 익숙해지기까지 많은 시간이 걸린다.				
8	나는 친구들에게 인기가 많다.				
9	우리 가족은 나에게 너무 많은 기대를 한다.				
10	우리 가족은 대체로 내 기분을 이해해주는 편이다.				
11	나는 매사에 쉽게 포기하는 편이다.				
12	나는 비교적 남보다 행복한 편이다.				
13	나의 생활은 뒤죽박죽이다.				
14	대체로 다른 사람들이 내 생각을 따라주는 편이다.				
15	나 자신에 대해 별로 내세울 것이 없다.				
16	나는 집을 나가 버리고 싶은 생각이 자주 든다.				
17	종종 내가 하는 일이 뜻대로 되지 않는다.				
18	나는 외모가 그리 멋진 편이 못된다.				
19	나는 할 말이 있을 때 대체로 그 말을 하는 편이다.				
20	우리 가족들이 나를 잘 이해하고 있다.				

21	다른 사람들에 비해서 나는 별로 사랑받지 못한다.				
22	어떤 때는 가족들이 나를 미워하는 것 같다.				
23	내가 하고 있는 일에 대해 실망을 느낄 때가 많다.				
24	나는 모든 것이 그다지 어렵게 생각되지는 않는다.				
25	나는 다른 사람이 나에게 의지해도 될 만큼 강하지 못하다.				

자료: 정인숙(2000), 「노인의 원인 귀속유형 및 자아존중감에 따른 생활만족감 연구」, 동아대학교대학원 박사학위논문.

사용방법 ● 개인의 자아존중감, 자기존중 정도와 자아승인 양상을 측정하는 검사

하위 영역	문항번호	그렇다	아니다
자기 비하	1, 3, 11, 15, 16	–	1, 3, 11, 15, 16
타인과의 관계	6, 7, 9, 10, 20, 21, 22	10, 20	6, 7, 9, 21, 22
지도력과 인기	2, 5, 8, 14, 18, 25	5, 8, 14	2, 18, 25
자기주장과 불안	4, 12, 13, 17, 19, 23, 24	4, 12, 19, 24	13, 17, 23

● "그렇다"는 ①번을 1점, ②번을 2점, ③번을 3점, ④번을 4점으로 채점하고 "아니다"는 역으로 점수를 준다. 점수가 높을수록 자아긍정도가 높다고 할 수 있다.

부부친밀감 검사

다음 문항들은 부부친밀감을 알아보기 위한 질문들입니다. 어르신의 생각과 일치하는 곳에 ∨표 하십시오.

구분	번호	질문내용	전혀 아니다 0	아니다 1	그렇다 2	매우 그렇다 3
정서적 친밀감	1	배우자는 내 감정이 상했는지 혹은 좋은지 잘 안다.				
	2	배우자와의 관계를 다른 모든 관계보다 원칙적으로 우선한다.				
	3	우리 부부는 정기적으로 함께 하는 시간을 갖는다.				
	4	나는 배우자에게 충분한 사랑을 받고 있음을 느낀다.				
성적 친밀감	5	나는 배우자와의 성생활에 만족한다.				
	6	나는 배우자와의 포옹이나 키스 등의 피부 접촉을 좋아한다.				
	7	우리 부부에게 성적인 표현은 중요한 부분이다.				
	8	우리 부부는 가끔 성적인 대화를 나누는 편이다.				
취미 여가 친밀감	9	우리 부부에게는 공통적인 취미가 있다.				
	10	우리 부부는 여가 생활을 되도록 함께 하려고 한다.				
	11	나는 내게 맞지 않아도 배우자의 취미생활에 관심을 갖는 편이다.				
	12	우리 부부(가정)는 매년 짧게나마 휴가를 간다.				
지적 친밀감	13	배우자는 나의 복잡한 생각을 명료하게 정리하는 데 도움을 준다.				
	14	우리 부부는 어떤 주제로도 대화가 잘 통하는 편이다.				
	15	우리 부부는 서로 유익한 정보를 나누는 편이다.				
	16	나는 배우자가 관심을 갖고 있는 부분에 대해 귀를 기울인다.				

자료: 이경희(1998), 「한국노인복지정책의 실태와 발전방향」, 단국대학교행정대학원 석사학위논문.

사용방법
- 부부친밀감은 부부가 서로에게 상호적으로 느끼는 매우 가깝고도 공유되는 밀접함으로 정의되고 있다.
- 부부친밀감 척도는 정서적 친밀감, 성적 친밀감, 취미여가 친밀감, 지적 친밀감 총 4가지 하위 요소로 구성되어 있다.
- 전혀 아니다(0점), 아니다(1점), 그렇다(2점), 매우 그렇다(3점)로 구성되어 있으며, 각 하위별 점수가 높을수록 부부친밀감이 높다고 평가할 수 있다.

생활만족도 검사

다음 문항들은 생활만족도를 알아보기 위한 질문들입니다. 어르신의 생각과 일치하는 곳에 ∨표 하십시오.

문 항	전혀 그렇지 않다 1	그렇지 않다 2	보통 이다 3	그렇다 4	매우 그렇다 5
1 나는 요즘 살맛이 난다.					
2 나는 일상생활에서 원기가 왕성하다.					
3 나는 살아온 인생을 회고할 때 후회 할일이 별로 없다.					
4 내 일생에서 지금이 가장 행복한 시절이다.					
5 나는 일상생활에서 따분하고 지루하게 느끼고 있다.					
6 나는 요즘 고독하고 외롭다.					
7 나는 요즘 매우 기분이 언짢다.					
8 나는 과거를 돌아보면 후회스러운 일이 많다.					
9 나는 젊을 때와 마찬가지로 행복하다.					
10 내가 하고 있는 일들은 과거와 마찬가지로 흥미롭고 재미있다.					
11 나의 지난 평생은 성공적인 편이다.					
12 나는 현재 다른 사람에 비해 젊어 보인다.					
13 나는 앞으로 살아가는 데 희망이 있다.					
14 나는 지금 바쁘고 가치 있는 생활을 하고 있다.					
15 나는 오래 오래 살고 싶다.					
16 나는 요즘 화나는 일이 점점 더 많아진다.					
17 나는 요즘 기쁜 일보다 슬픈 일이 더 많다.					
18 더 이상 나이 먹는 것보다는 죽는 편이 낫다.					
19 나는 다른 사람들에 비해서 자주 우울에 빠진다.					
20 나는 여러 가지 근심 걱정이 많아서 가끔 잠을 이룰 수가 없다.					

자료: 차용석(2005), 「동해시 노인의 성생활실태와 삶의 만족감과의 관계에 관한 연구」, 상지대학교행정대학원 석사학위 논문.

 ● 이 척도는 긍정적 정서와 부정적 정서에 관한 문항이 각각 4개씩 8문항이며, 일상경험과 부정적 경험에 관한 문항이 각각 6개씩 12문항으로 총 20문항이 있다. 각 문항은 0점에서 3점까지의 리커드 척도로 되어 있으며 부정적 문항은 역으로 배점한다. 총 점수의 범위는 0점에서 40점이며 점수가 높을수록 생활만족도가 높음을 의미한다.

● 다음은 하위항목별 문항 및 문항수를 표로 나타낸 것이다.

하위 항목		항목별 문항	문항 수
정서	긍정적 정서	1, 2, 5, 8	4
	부정적 정서	3, 4, 6, 7	4
경험	긍정적 정서	9, 10, 12, 13, 16, 17	6
	부정적 정서	11, 14, 15, 18, 19, 20	6

성 인식 검사

다음 문항들은 성 인식에 관한 질문입니다. 어르신의 생각과 일치하는 곳에 ∨표 하십시오.

	문항	전혀 그렇지 않다 1	그렇지 않다 2	보통 이다 3	그렇다 4	매우 그렇다 5
1	사별한 친구가 이성 친구를 사귀겠다면 적극 찬성이다.					
2	죽을 때까지 성생활을 하는 게 좋다.					
3	혼자된 친구가 이성교제를 한다면 말리겠다.					
4	늙어서 성에 대해 관심을 갖는 것은 부끄러운 일이다.					
5	자위행위는 건강한 성생활의 방법 중 하나이다.					
6	나이가 들어도 성에 관심을 갖는 것은 자연스러운 현상이다.					
7	친구가 성병에 걸렸다고 하면, 주책이라고 욕을 할 것이다.					
8	(남) 성관계에 도움이 된다면, 발기부전 치료제라도 먹고 싶다.					
	(여) 성관계에 도움이 된다면, 남편에게 발기부전치료제라도 먹이고 싶다.					
9	성에 대해 관심을 가지면 활력이 생긴다.					
10	성에 대해 생각하는 나 자신을 보면 죄책감이 든다.					
11	노인들도 성생활을 하면 활력이 생긴다.					
12	성교육에 참여한 후 주위 사람들에게 이야기 하겠다.					
13	성에 대한 지식은 젊을 때나 필요하지 지금은 필요 없다.					
14	성기구를 써서 성생활을 할 수도 있다.					
15	성은 삶의 만족도와 깊은 관계가 있다.					

자료: 이창은(1999), 「노인의 성생활인식도와 삶의 만족감과의 관계」, 한양대학교 대학원 석사학위논문.

사용방법
- 성인식은 개인이 갖는 성적인 느낌, 욕구, 태도, 중요도 등에 대한 인식의 정도를 의미한다.
- 부부집단의 경우 성 인식을 측정하기 위해서는 개별적으로 진행하도록 한다. 부부가 함께 작성하는 경우 성 인식의 차이가 크므로, 사전—사후검사를 하기 위해서는 부부를 떨어뜨려서 진행한다.

성생활 만족도 검사

다음은 어르신의 성생활 실태와 성관련 특성에 관한 질문입니다. 솔직하게 해당되는 곳에 V표 해 주십시오.

1. 어르신은 성생활이 노년기 생활에 얼마나 중요하다고 생각하십니까?
    ① 매우 중요하다
    ② 중요하다
    ③ 보통이다
    ④ 중요하지 않다
    ⑤ 전혀 중요하지 않다

 2. 현재 성생활을 누리고 계십니까?
    ① 누리고 있다
    ② 누리고 있지 않다
        (몇 세까지 성생활을 누리셨습니까?   세)

3. 어르신은 한 달에 어느 정도 성생활을 하십니까?
    ① 1회 이하
    ② 2~3회
    ③ 4회 이상
    ④ 거의 없음

4. 어르신이 성생활을 하지 않는 이유는 무엇입니까?
    ① 배우자의 기능불능 때문에
    ② 배우자가 원하지 않아서
    ③ 건강이 허락되지 않아서
    ④ 기타(이유:)

5. 성관계를 누가 먼저 요구하나요?

① 본인

② 배우자

6. 노년기에 접어들면서 부부관계에 만족하시나요?

(구체적으로 적어 주세요.)

2

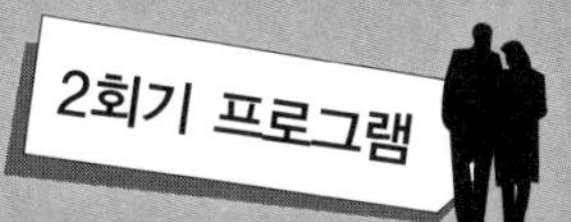

노년기
성에 대한 인식

활동목표

1. 노년기 성에 대한 사회의 긍정적 인식, 부정적 인식에 대해서 이야기한다.
2. 프로그램 참여자의 노인의 성에 대한 긍정적 인식, 부정적 인식에 대해 이야기한다.
3. 남녀 참여자들이 생각하는 노인의 성에 대한 긍정적 인식, 부정적 인식을 정리한다.

회 기

2회기(90분)

준비물

활동 워크지, 필기도구, 강의 프레젠테이션

**한 발짝
다가서기**

■ 강의 자료 내용에 대한 거부감이 생길 수 있으므로, 출처와 개인의 차가 있음을 밝혀준다.

■ 시간안배를 적절히 하고 지나치게 참여자들에게 부담 주지 않는다.

■ 노년의 성에 대한 긍정적인 인식과 부정적인 인식을 정리하여 현재 자신이 생각하는 노년의
성에 대해 정리할 수 있도록 한다.

■ 성교육에 대한 거부반응이나 수업 참여도를 모니터링해서 프로그램 방향성을 그려본다.

활동과정	활동내용	시간(분)
도입	1) 가벼운 인사와 함께 참여자 확인을 한다. 2) 젠가게임을 통해 부부간 스킨십을 유도하고 분위기를 전환한다.	15분
전개	1) 노년기 성의 개념에 대한 강의를 진행한다. (20분) 　· 생물학적 의미, 행동과학적 성, 인격적 성에 대한 개념적 이론 강의 진행하기 　· 다소 어려울 내용일 수 있으나, 기본적으로 이해하고 가야 하는 내용들임을 강조하기 2) 노년기 성에 대해 이해한다. (10분) 　· 워크지를 통한 각자의 의견 적어보기 　· 노년기 성에 대한 긍정적·부정적 인식에 대해 각각 3가지씩 적어보기 　· 혹 적기를 꺼려하거나 거부하는 참여자들에게는 한 가지라도 적게 하여 토의에 참여시키기 3) 노년기 성생활 범위에 대해 적어본다. (10분) 　· 워크지를 통해 노년의 성생활 범위에 대해 적어보기 4) 토론을 진행한다. (20분) 　· 각자 적은 내용들에 대해 간략하게 발표하며 자유로운 토론을 유도한다.	60분
마무리	1) 토론되었던 내용을 총괄적으로 정리하고, 느낌을 나눈다. 2) 예전과 달리 생각했던 부분들, 토론을 하고 나서 바뀌었으면 하는 부분들을 자유롭게 느낌으로 나누고 프로그램을 마친다.	15분

01 | 도입단계(15분)

1) 가벼운 인사를 통해서 2회기 시작을 알린다.

2) 딱딱한 분위기를 보다 편안하게 할 수 있는 워밍업 젠가게임을 통해 부부간의 스킨십과 호흡을 유도한다.

TIP

젠가게임

- 나무 블록을 쌓아서 하나씩 빼는 게임
- 파트너와의 상호관계의 중요성을 느낄 수 있음
- 벌칙: 블록을 빼다가 탑을 무너트린 사람에게 예쁜 리본을 매어줌. 노년의 성에 대해 이야기하기 전에 긴장을 감소시키고, 남녀가 자율적으로 이야기할 수 있는 분위기를 조성

02 | 전개단계(60분)

1) 노년기 성에 대한 강의(20분)

(1) 노인의 성

- 노인의 성이란 무엇인가?에 대해 강의 노트 자료를 토대로 설명을 진행한다.
- 성에 대한 개념, 성에 대한 기본적 정의를 통해서 1차적인 성, 2차적인 성, 노년의 성에 대해서 살펴본다.
  - ☞ 노년기 성은 생리적/사회적/문화적/윤리적 차원 안에서 역동적으로 이뤄지는 복합적인 개념이다. 노년기의 성은 노인의 근본적 존재 표현방식이며, 동시에 관계의 역동 속에서 일어나는 심리사회적 함의가 구체적으로 표현되는 장이다. 그러나 실상 노인의 성은 이러한 구체적이고 의미 있는 개념이라기보다는 일반적 편견에 더 많이 노출되고 있다.

(2) 남자와 여자의 차이

- 남자와 여자 각각의 입장에서 느끼는 감정, 생각의 차이를 인정한다.
- 남녀 참여자들이 생각하는 노년의 성에 대한 이야기를 한다.
- 젊었을 때와 비교해서 현재 노년의 성생활에 대해서 자유롭게 이야기한다.
- 남자와 여자가 섹스를 하는 차이점을 비교하면서 짝꿍과 이야기해보는 시간을 가진다.

노년기 성의 개념

1. 성이란 무엇인가?

- 생물학적 의미의 성(sex) – 남성과 여성으로 구분하는 의미
- 행동과학적 성(gender) – 후천적으로 학습된 문화적 의미의 성
- 인격적 성(sexuality) – 인격적 성은 전인적 개념
- 단순한 생식의 의미가 아니다.
- 자연스럽고 생리적인 강력한 욕구이다.
- 성행위 자체가 아니라 인간의 이성과 감성을 포함한다.
- 실제적인 삶의 일부분이다.
- 생명의 힘과 열정의 자원이다.
- 인간은 누구나 성에 대한 정보를 얻을 권리가 있다.

2. 노년기의 '성'이란 무엇인가?

$$性 = 心 + 生$$

인간 발달주기를 고려할 때, 노년기로 접어들면서 성은 그 자체의 목적으로서, 즉 기쁨, 이완, 의사소통, 친밀감의 공유로서의 성이라고 볼 수 있다. 그러나 노인의 성에 대한 연구들은 대부분 신체적 차원에서의 성에 대해 초점을 두고 있다.[*] 인간이 노화과정을 겪어 가면서 신체적인 성적 반응이 변화를 겪는 것은 사실이지만, 중요한 점은 남녀 구별할 것 없이 성적 욕구와 성행위는 일생 동안 지속될 수 있고, 또 그것이 바람직한 것이다. 또한 여성의 성은 시간적 제한이 없으며, 남성의 경우에도 적절한 건강상태와 감정적 상태를 유지하는 한 성적 능력은 80대 이상까지도 지속되는 것으로 나타났다.[**]

남자와 여자의 차이

1. 남자와 여자가 섹스를 하는 차이점

순위	남	여
1	나는 그 사람에게 끌렸다.	나는 그 사람에게 끌렸다.
2	섹스는 황홀한 느낌이 좋다.	나는 그 사람에게 내 애정을 보여 주고 싶었다.
3	나는 육체적 쾌락을 경험하고 싶었다.	나는 그 사람에게 내 사랑을 표현하고 싶었다.
4	섹스는 재미있다.	나는 내가 사랑하고 있음을 깨달았다.
5	나는 그 사람에게 내 애정을 보여 주고 싶었다.	나는 내 상대를 기쁘게 해주고 싶었다.
6	나는 성적으로 흥분해서 욕망을 풀고 싶었다.	나는 정서적으로 친밀감을 갈망했다.
7	나는 발정한 상태였다.	나는 순수한 쾌락을 원했다.
8	나는 그 사람에게 내 사랑을 표현하고 싶었다.	나는 그 사람과 연결된 느낌을 원했다.
9	나는 오르가슴에 도달하고 싶었다.	섹스는 로맨틱한 환경이었디.
10	나는 내 상대를 기쁘게 해주고 싶었다.	그 사람은 진실로 나를 갈망했다.
11	그 사람의 생김새가 나를 성적으로 흥분시켰다.	그 사람이 성적 매력을 느끼도록 했다.
12	나는 순수한 쾌락을 원했다.	그 사람이 나를 애무했다.
13	나는 마침 그때 흥분한 상태였다.	나는 섹스를 해서 정서적 유대를 증진시키고 싶었다.
14	나는 정서적 친밀감을 갈망한다.	그 사람은 키스하는 기술이 좋았다.
15	그 사람의 몸이 매력적이었다.	나는 사랑받고 있다는 느낌을 원했다.
16	나는 모험과 자극을 원했다.	나는 나의 관계를 강화하고 싶었다.
17	나는 내가 사랑하고 있음을 깨달았다.	나는 더 깊은 수준에서 의사소통을 원했다.
18	그 사람은 진실로 나를 갈망했다.	그 사람의 몸이 매력적이었다.
19	나는 경험을 원했다.	나는 모험과 자극을 원했다.
20	나는 상대를 만족시키고 싶었다.	그 사람의 생김새가 나를 성적으로 흥분시켰다.

---

* 권명숙(2002), 「노인의 성에 관한 탐색적 연구」, 연세대학교대학원 박사학위논문.
** 유수경(2003), 「독신노인의 성과 생활 만족도에 관한 연구」, 이화여자대학교 사회복지대학원 석사학위논문.

1. 노인 대상 프로그램 진행 시 노인들의 눈높이에 맞는 진행 방식이 필요하다.
   - ☞ 주제가 있는 프로그램을 진행할 때에는 강사의 일방적인 강의 진행보다는 프로그램에 자발적으로 참여한 어르신들의 욕구에 부합하는 프로그램 진행 방식이 필요하다.
   - ☞ 과거의 노인들은 일방적인 수업 방식에 익숙하지만, 현재 노인들은 능동적인 수업 방식을 선호하므로, 프로그램 참여에 대한 동기부여, 참여율을 증진시켜야 한다.
2. 담당 사회복지사는 강사가 프로그램 진행 시, 어르신들의 눈높이에 맞는 프로그램을 진행하는지 참여자들의 호응에 대해서 모니터링 해야 한다.
   - ☞ 참여자의 눈높이에 맞는 프로그램 진행 방식인가?
   - ☞ 프로그램을 진행하는 교수법이 현재 집단 프로그램에 적합한가?
3. 회기별 진행 이후, 프로그램 참여자를 대상으로 만족도를 조사한다.

2) 노년기 성에 대한 이해 – 실제 사례 종합(10분)

(1) 노년기 성에 대한 긍정적 인식/부정적인 인식에 대해서 자유롭게 작성한다.

(2) 각 조별로 긍정적인 인식과 부정정직인 인식을 취합하여 공통적인 부분을 종이에 작성하고, 팀별로 발표한다.

(3) 노년기 성에 대한 편견과 그로 인해 미치는 영향에 대해서 생각해본다.

(4) 편견이 생활에 미치는 영향에 대해서 이야기한다.

 **Talk Talk!**

노년기 성에 대한 이해

▨ 하나. 노년기 성에 대한 긍정적 인식과 부정적 인식을 각각 말씀해주세요.

긍정적 인식

- 성적인 욕구를 충족함으로써 정신적인 건강을 유지할 수 있다.
- 가장 중요한 요소는 부부간의 애정이 깊어진다.
- 서로 관심을 갖게 된다.

- 신체적인 접촉은 건강에 도움이 된다.
- 건강의 허용범위에서 성관계는 매우 필요하다.
- 노년에는 성생활을 못하다는 인식은 잘못된 생각이다.
- 스트레스가 해소된다.
- 노년에도 성생활은 필요하다.
- 성생활은 노년의 건강에도 좋다고 생각한다.
- 노년의 성생활은 생활 활력소라고 생각된다.
- 사랑의 증표이다.
- 창조주의 가장 큰 선물이며, 다른 것과 비교할 수 없다.
- 미래의 희망과 번영의 행복에도 영향을 미친다.

부정적 인식

- 노년의 성에 대한 말 자체를 무시하거나 거부하는 경향이 있다.
- 노인이 하면 보기 싫다.
- 노년기에는 성에 대한 관심이 전혀 없다는 인식 차이가 있다.
- 성에 대한 이야기는 불륜관계로 보는 경향이 있다.
- 잠자리를 할 수가 없는데 하려고 하는 것은 힘들다.
- 부부끼리는 알고 있으면 좋지만, 타인이 하면 추하다고 생각한다.
- 성생활을 좋지 않게 활용하면 사회가 문란해진다.
- 성문란은 사회적 인식에 따라 차이가 있다.
- 장소를 가려서 사랑해야 한다.

▨ **둘. 노년기 성에 대한 편견과 그로 인해 미치는 영향을 말씀해주세요.**

- 노인에게 성은 중요하지 않다.
- 노인이 성적 활동에 관심을 갖는 것은 비정상적이다.
- 성적 관심을 표현하는 노인은 음란하다.
- 노인들은 성적 욕구가 없으며, 무無성적이다.
- 노인의 성활동은 건강에 해로우며, 실제 성행위를 하기에는 허약하다.
- 여성은 폐경과 더불어 성기능도 끝났다.

▨ 셋. 노년기 성에 대한 편견이 생활에 미치는 영향을 말씀해주세요.

- 노인은 성적 욕구가 쇠퇴한 존재라는 부정적인 심리로 작용하며, 자신의 성적 욕구 및 행위를 억압하게 된다.
- 결국 노인이 지니고 있는 성적 능력에 대한 자신감 상실이 심화됨에 따라 노인의 성적 욕구나 능력에 대한 사회적 고정관념이 확대돼 노인의 성에 대한 태도와 성행동을 제약하는 요인이 된다.

Talk Talk!

강의 NOTE

▨ **Block(1999)은 50대 이상의 성생활에 관한 12가지의 잘못된 믿음을 다음과 같이 말하고 있다.***

① 나이가 듦에 따라 성생활의 질은 남녀 모두 저하된다.

② 여성이 충분한 질 윤활이 안 되거나 남성이 즉시 발기되지 않는다면, 흥분이 안 된 상태이다.

③ 발기 문제는 불가피한 것이며, 의학적 개입 없이는 치유가 불가능하다.

④ 여성의 성적 욕망은 폐경 이후 극적으로 감소한다.

⑤ 일단 남성이 아내를 진지하게 쳐다보는데도 흥분이 되지 않는다면 그 사람은 성생활에 큰 지장을 겪을 것이다.

⑥ 남성은 10대가 최정점이다.

⑦ 여성은 30대가 최정점이다.

⑧ 젊은이들이 느끼는 성극치감이 더 강렬하다.

⑨ 심근계 질병을 가진 남성과 여성은 성행위를 피해야 한다.

⑩ 성행위는 성적 수치감을 느껴야 비로소 이뤄지는 것이다.

⑪ 구강 성교는 젊은 층만이 하는 것이다.

⑫ 삽입 성교만이 성교의 영역에 포함되며 다른 것은 섹스라고 할 수 없다.

* Block, Joel D., Bakos, Susan Crain(1999), *Sex over 50*, Prentice Hall Press.

기막히게 **라**름다운 우리들의 **성**이야기

54

3) 노년기 성생활 범위에 대해 적어보기(10분)

자신이 생각하는 노년기 성생활 범위에 대해서 자유롭게 적어서, 팀별로 토론하는 시간을 가진다.

Talk Talk!

노년기 성생활의 범위에 대해 적어 주세요.

- 노년은 서로의 마음을 소통하는 것이기 때문에 성생활은 필요 없다.
- 1개월에 한두 번이 적당하다.
- 보편적인 정서적 감정, 사고이다.
- 성생활을 할 수가 없으니, 생각이 별로 안 난다. 그래서 관심이 없다.
- 잠자리를 하고 싶지만 몸이 따라주지 않는다. 그래서 나이가 들면 좋은 약을 먹게 된다.

Talk Talk!

4) 토론(20분)

각자 적은 내용들에 대해 간략하게 발표하며 자유로운 토론을 유도한다.

02 | 마무리단계(15분)

1) 토론되었던 내용을 총괄적으로 정리하고, 느낌을 나눈다.
2) 예전과 달리 생각되어졌던 부분들, 토론을 하고나서 바뀌었으면 하는 부분들을 자유롭게 느낌으로 나누고 프로그램을 마친다.

- "젠가 게임이 뭐지? 이름이 특이하네. 이런 것도 있어? 재미있네. 옛날에는 성교육을 금기시하고, 그랬는데 이제야 받는 것 같아" 진작 좀 받으면 더 좋았을 듯싶다.
- 노년의 성에 대한 긍정적 인식과 부정적인 인식에 대해서 말할 수 있어서 좋은 시간이었다.
- 노인들은 감정도 없고, 나약한 존재로 인식됐는데, 이렇게 우리들의 문제를 이야기하고 나눌 수 있어서 사회인식을 바꿀 수 있도록 하면 정말 좋겠다.
- 이렇게 모여서, 다른 사람들의 이야기를 들어보니, 내 생활을 반추해볼 수 있는 시간이었다.
- "노년의 성이 뭐 그리 중요하나?"라고 생각했는데 노년에 들어서야 진짜 사랑이 무엇이고 어떻게 표현해야 되는지 중요한 부분인 것 같다.
- 각방을 쓰다가, 남편이 죽을지도 모른다는 생각이 드니, 섬뜩하다. 우리도 서로 불편해서 각방을 쓰는데, 앞으로 그러면 안 되겠다는 생각이 든다.
- 부부집단으로 프로그램이 진행되니 서로 부부이야기도 하고 좋네요. 우리 남편은 무뚝뚝해서 앞으로 이런 부분들이 변했으면 좋겠어요.
- 부부생활에 대해서 잘 생각하지 않았는데, 내가 너무 무심한 사람이었네요.
- 노인을 늙은 사람, 나이가 많은 사람들이라고 부정적으로 생각하는 사람이 많아, 그래서 "노년의 아름다운 성? 노인들이 뭐가 아름다워?" 젊은이들은 다 그래. 자기들도 다 나이가 들것인데, 이해를 못하는지, 부정적인 인식을 바꿀 수 있는 획기적인 방법이 없을까?
- 젊은이들의 성은 아름답고, 활기차고 그러는데, 우리들은 마음만이 청춘이다. 감정적이고, 공감, 공유 등 이런 부분에 대해서 노년의 성이 중요하다는 것을 알릴 수 있었으면 좋겠다.

- 미국의 예를 들어서, 한국 정서에 맞지 않는다고 프로그램 참여자들이 처음엔 불만을 토로했지만, 남녀의 생각을 비교하여 볼 수 있는 강의노트였다고 생각이 든다. 이에 한국 남녀 노인들이 생각하는 성에 대해서 정리하여 표준화된 표를 만들었으면 좋겠다.
- 1회기 프로그램 진행보다, 2회기 프로그램의 집중도와 참여도가 높게 나타났다. 하지만 강사가 회기별로 과제를 내주어, 참여자들이 과제에 대해 부담감을 느끼고 있었다. 전문 성 리더 양성 프로그램에 맞는 과제를 부여하여, 전문적으로 접근하여 진행하고자 했으나, 프로그램 참여자들이 부담을 느끼기 때문에 이 부분을 차후에 고려하여 진행하기로 하였다.
- 프로그램 참여자들의 공감대 형성과 노인의 성에 대한 참여자들의 다양한 생각을 프로그램 시간에 공유하고, 노인의 성에 대한 이야기를 자유롭게 이야기할 수 있도록 프로그램 분위기와 방향성을 잘 구성해야겠다.
- 노인 전문 성 리더 양성 프로그램인 만큼, 리더들이 노인의 성에 대한 중요성, 인식, 고정관념에서 벗어나 지역사회 노인들뿐 아니라 청소년, 일반 시민들에게 노인의 성에 대해 이야기하고 교육할 수 있도록 전문성 향상에 이바지할 수 있도록 진행해야겠다.

- 프로그램 참여자들은 일방적인 성교육 프로그램을 듣는 것보단, 자신들의 이야기에 공감하고 공통점을 발견하여 노인의 성을 풀어나가는 수업 방식을 원하였다. 이에 강사와 프로그램 방식과 커리큘럼에 대한 내부 회의가 필요하다.

강사

- 참여자들이 워크지에 대한 불평이 많은 점을 고려하여, 다음 회기부터는 수업 방식을 토론 형식으로 교체할 필요가 있다.
- 몇몇 참여자만이 발표를 하는 경향이 있기 때문에 전원이 토론에 참가할 수 있는 방법을 구안할 필요가 있다.
- 참여자들이 아직까지도 노인의 성에 대한 부정적인 인식으로 저항의 패턴을 보였다.

슈퍼바이저

- 강의노트 부분에 대한 설명을 미국의 예로 들어서 참여자들이 조금 불만이 있었지만, 이 부분에 대해서 이야기하면서 참여자들의 다양한 성에 대한 의식을 끌어 낼 수 있는 기회를 제공했다는 점에서 의의를 두고 싶습니다.
- 부부가 함께 참여하여 서로 폐쇄적인 성격이 아직은 강하지만, 서로의 의견을 잘 나눌 수 있도록 하는 프로그램이나 활동이 필요할 것 같습니다. 아직도 노년의 성에 대해 거부감이 있으므로, 신체적인 성뿐만 아니라 정신적인 성 부분에서도 공유하고 공감할 수 있도록 프로그램을 진행해야 하겠습니다.

차기계획

- 영화 매체를 통한 토론이 장 마련

노년기 성에 대한 이해

A. '노년기 성에 대한 이해'에 대해 생각해보고자 합니다.

노년기 성에 대한 긍정적 인식과 부정적 인식에 대해 각각 3가지씩 적어주세요.

▨ 긍정적 인식

1.

2.

3.

▨ 부정적 인식

1.

2.

3.

B. 노년기 성생활의 범위에 대해 적어주세요.

C. 노년기 성에 대한 편견과 그로 인해 미치는 영향을 적어주세요.

D. 노년기 성에 대한 편견이 노년기 성생활에 미치는 영향을 적어주세요.

사용방법
- 노년기 성에 대해 가장 먼저 떠오르는 생각을 적는다.
- 노년기 성생활의 범위에 대해서 자신이 생각하는 부분에 대해서 작성한다.
- 노년기 성에 대한 편견과 그로 인해 미치는 영향에 대해서 개인적/사회적 측면에서 작성한다.
- 노년기 성에 대한 편견이 노년기 성생활에 미치는 영향에 대해 개인적/사회적 측면에서 작성한다.

노년의 성에 대한 이미지

구분	사진을 붙여주세요	사진을 붙인 이유
내가 생각하는 이미지		
사회가 인식하는 이미지		
긍정적인 이미지		
부정적인 이미지		

▨ 그림을 잘라서 해당되는 곳에 붙여 주세요.

행복하다

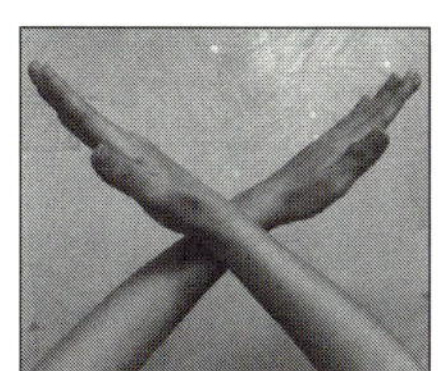
나쁘다

즐겁다

따뜻하다

아름답다

사랑스럽다

은밀하다

비밀스럽다

사용방법 ● 내가 생각하는 노년의 성에 대한 이미지에 적합한 단어를 찾아 적고, 각 이미지에 알맞은 그림을 붙여 넣는다.

3

대중문화 속의
노년기 성

활동목표	1. 대중문화 속에 표현된 노년기 성에 대해 올바르게 이해한다. 2. 사회문화 한 부분으로서 노년기 성을 이해한다. 3. 영화를 보고 대중문화 속에 표현된 노년의 성에 대해 자유롭게 이야기한다. 4. 노년기 성에 대한 개인의 생각이나 의견을 자유롭게 이야기한다
회 기	3회기(110분)
준비물	죽어도 좋아 DVD, 마더 DVD, 활동 워크지, 필기도구, 노트북, 빔프로젝터
한 발짝 다가서기	■ 프로그램 진행 시 다양한 교안과 시청각 자료를 이용한다. ■ 노인대상 프로그램 진행은 일방적인 수업은 지루하고, 집중력도 낮다. 주제와 관련된 시청각 자료를 이용하여 흥미를 유발하여 프로그램에 적극적으로 참여하도록 유도한다. ■ 대중문화 속에서 나타나는 노인의 성에 대한 '공감대 형성'을 도출한다. ■ 현재 우리나라 노인의 성을 바라보는 관점 및 시각에 대해서 참여자들의 생각을 공유한다. ■ 프로그램 구성원들이 부부집단이기 때문에 부부생활을 되돌아보는 시간(review time)을 갖는다. ■ 영화에 대한 전체 흐름을 이해하지 못하면 장면 전달이 잘 되지 않으므로, 충분한 사전설명과 강사의 중간 개입이 중요하다.

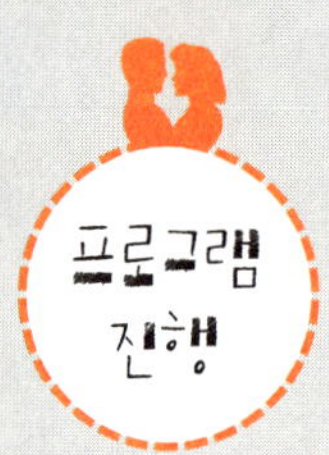

활동과정	활동내용	시간(분)
도입	1) 현재 대중문화 속에 표현된 노년기 성에 대해 알아본다. 2) 노년기 성과 관련된 영화를 살펴본다.	10분
전개	1) 〈죽어도 좋아〉 영화를 감상한다. (30분) 　· 인간의 기본적인 욕구인 성은 젊은이들의 소유물이 아닌 노인들에게도 있는 기본적인 욕구이며, 이를 통해서 행복한 노후를 보낼 수 있는 방법에 대해 이야기하기 2) 〈마더〉 영화를 감상한다. (20분) 　· 여성 노인이 생각하는 노년의 성에 대해 이야기하기 　· 일방적인 성관계가 아닌 서로의 감정 교환, 애무를 통해서 서로의 사랑하는 부분에 대해서 이야기하기 3) 연극 〈그대를 사랑합니다〉에 대한 공유 시간을 갖는다. (10분) 　· 연극에서 말하고 있는 노년의 성에 대해서 공유하기 　· 연극을 보고 나서 나의 생각을 이야기하기 4) 대중문화 속의 노년기 성 워크지를 작성한다. (20분) 　· 워크지를 통한 각자의 의견 적어보기 5) 토론을 진행한다. (10분) 　· 각자 적은 내용들에 대해 간략하게 발표하며 자유로운 토론을 유도하기	90분
마무리	1) 토론되었던 내용을 총괄적으로 정리하고, 느낌을 나눈다. 2) 예전과 달리 생각했던 부분들, 토론을 하고 나서 바뀌었으면 하는 부분들을 자유롭게 느낌을 나누고 프로그램을 마친다.	10분

01 | 도입단계(10분)

1) 〈죽어도 좋아〉, 〈마더〉, 〈그대를 사랑합니다〉 총 3편의 영화/연극에 대해 설명한다.
2) 영화/연극을 감상한 후 대중문화 속의 노년기 성 워크지를 작성하는 방법에 대해 설명한다.

02 | 전개단계(90분)

1) 노년의 성에 대한 자신의 생각을 정리한다.
2) 〈죽어도 좋아〉, 〈마더〉, 〈그대를 사랑합니다〉를 본 후 공유할 점에 대해서 정리한다.
3) 여성 노인의 시각에서 관점을 정리한다.
4) 남성 노인의 시작에서 관점을 정리한다.
5) 교육 진행 시 예제를 정리해본다.
6) 대중문화 속의 노년기 성에 대해서 정리하다.
7) 사회가 인식하는 노년기 성에 대해서 정리한다.

03 | 마무리단계(10분)

1) 대중문화 속의 노년기 성에 대한 워크지에 대해 2~3명 정도 발표하도록 한다.
2) 최종적으로 대중문화 속의 노년기 성과 사회가 인식하는 노년기 성에 대해 정리한다.
3) 대중문화 속의 노년기 성에 대한 올바른 인식을 위한 활동에 대해서 정리한다.

	죽어도 좋아	마더	그대를 사랑합니다
영화/연극			
포커스	· 싱글 노인이 동반자를 만나서 사랑하는 영화 · 실제 커플이 연기하였으며, 노년의 성에 대해 영화를 제작한 이유만으로 이슈된 작품 · 노인들의 성생활, 노후를 보내는 방법 등 노인들의 입장에서 생각해볼 수 있는 영화	· 마더는 60대 후반의 여성 노인이 젊은 남자와 사랑에 빠진다는 내용을 담고 있는 영국 영화 · 이 영화는 여성 노인과 젊은 남성 간의 사랑을 다루었다는 점에서 관심 받은 작품 · 마더는 여성 노인의 입장에서 주변의 가족들이나 사회에 대해 느끼는 소외감을 표현했다는 점에서, 그리고 황혼에도 가슴 아픈 열병과 같은 사랑의 감정을 느낄 수 있다는 것을 표현한 영화 · 마더에서 중심이 되는 것은 여성 노인의 성욕보다는 타인의 이해를 바라는 감정의 소통임. 즉 여성 노인인 메이의 입장에서는 젊은 남자의 몸을 신비화하지도, 판타지화하지 않음	· 70대 노인들이 설레는 마음으로 교제하는 사랑이야기, 평생 부부로 살며 치매에 걸린 부인과 노년의 삶을 마무리하는 가슴 시린 이야기, 연애편지를 계기로 사랑을 시작하는 황혼의 사랑이야기 등 세 가지의 이야기로 구성된 작품 · 노인들이 사랑을 표현하는 방법, 노부부 이야기를 통해서 현재 부부생활에 대해서 생각해볼 수 있는 기회를 제공

자료: 각 영화·연극 포스터 http://movie.naver.com.

영화 〈죽어도 좋아〉

클라이언트

- 우린 부부인데 왜 부부도 아닌 사람들끼리 성관계 하는 영화를 보여주는가?
- 이건 노년의 성에 대한 기초적인 인간의 욕구를 보여주는 영화이지, 우린 부부니깐 부부의 초점에서 봐서는 안 된다.
- 우린 전문 성 리더가 되기 위한 사람들이다. 부부의 입장에서가 아니라, 지금 현재는 독거노인들이 많고, 황혼이혼, 노인의 성 문제, 노인의 이성교제 등 다양한 이슈가 많다. 이 영화를 통해서 노인의 이성교제, 노인 성에 대해 현재 대중문화 속에 비춰지는 모습에 대해 이야기했으면 좋겠다.
- 우리 사회에서 노인의 성 문제나 이성교제 문제는 표면 위로 올라오지 않고, 관심도 없는 부분이었다. 이런 영화가 나오기까지 많은 일들이 있었을 것이고, 이 영화가 개봉하고도 많은 이슈가 되었다. 이는 역으로 노인문제가 사회적으로나 문화적으로 관심이 없었다는 것이다. 이를 통해서 우리는 노인에 대한 관심을 표면화하여 이를 해결하기 위한 다양한 방법을 구사해야 한다.
- 영화 속 커플은 처음부터 부부가 아니기 때문에 사랑에 빠져 노인임에도 적극적인 성생활을 할 수 있지만, 오래 함께 한 부부는 그렇지 않다. 현실과 너무 동떨어진 이야기다.
- 60대 미만의 사람들은 사랑의 욕구가 살아 있을 수도 있지만, 대부분은 그렇지 않다고 생각한다.
- 노인이라고 해서 3대 욕구가 사라질 필요는 없습니다. 우리가 몸은 늙었어도 마음은 오히려 젊어집니다. 3대 욕구는 누구나 추구하고 싶어합니다. 이것을 기피하거나 추하다고 생각하기 때문에 각방 생활을 하고 저녁에는 뭔가 자기 스스로도 모르게 외로움을 느끼게 되는 것 같습니다.
- 솔직히 말해서 영화에 나오는 커플처럼 실제로 저렇게 성생활을 할 수는 없다. 영화라서 더 과장해서 찍은 것 같다.
- 오래 살다보니까 이런 영화도 보고, 생활상의 차이를 많이 느꼈다. 우리 세대 사람들은 성교육을 따로 받지도 않았고, 성교육에 대해서 별로 신경을 쓰지 않았다. 때문에 노년의 성이나 노년의 사랑이야기를 주제로 한 영화가 극장에서 개봉하지도 않았지만 요즘은 노인들에게 관심도 많아지고, 노년들의 사랑이야기 또한 중요하고, 보편적이니깐 이렇게 영화로 만들어지는 게 아닌가 싶다. 내가 노인인데도 이런 부분에 대한 필요성에 대해 알지 못했다는 것을 오늘 영화를 보면서 조금 생각했었다.
- 성은 생활의 활력소인 것은 맞지만 영화는 실생활과는 너무나 차이가 있다.
- 현재 동반자와 사는 사람들은 왜 저렇게 살지 못하는지에 대해 생각해보는 시간이었다.
- 인간 내면 속에 있는 그대로의 욕구를 잘 표현한 영화인 것 같다. 이 영화를 보고 이것을 비평하는 사람은 위선자라고 생각한다. 왜? 인간의 욕구 표현은 예술적으로 표현한 것이라 생각한다.

워커

- 〈죽어도 좋아〉 영화를 보면서 인간의 성 욕구를 보여주는 영화라고 생각해서 성이라는 부분이 나이에 상관없이 인간의 기본 욕구라는 것을 참여자들이 많이 느낄 것이라고 생각했다. 하지만 낯선 사람들끼리 서

로 사랑을 하고 좋아하는 것은 싱글 노인들에게나 적합하지 않을까?라는 질문을 많이 하셨다.

- 낯선 사람들의 뜨거운 사랑이야기에 당혹하시는 모습을 보고 성교육을 진행한 리더의 준비 과정이 더 필요함을 느꼈다. 인간의 기본적인 욕구는 노인에게도 있다고 노인의 입장에서 생각하는 분, 부부의 입장에서 생각하는 분, 싱글 노인 입장에서 생각하는 등 다양한 시각으로 생각할 수 있는 좋은 시간이었다.

- 〈죽어도 좋아〉라는 영화를 통해서 노년에도 인간의 기본적인 욕구가 중요하다는 내용을 내포하고 있었지만, 부부가 함께 할 수 있는 방향으로 프로그램이 진행되면 더 좋겠다는 의견을 주셨다. 부부집단의 폐쇄성에 대해 먼저 인지하고 부부와 함께하는 정신적인 측면에 초점을 둔 프로그램 진행이 필요하다.

- 부부로 참여하는 것에 대해 서로 개별화하는 작업이 필요하며, 부부의 입장에서보다는 한 노인의 입장에서, 전문 성 리더의 입장에서 생각할 수 있도록 프로그램 방향성을 점검하면서 다음 회기를 준비해야겠다. (부부집단의 특성에서 벗어나 남편과 부인을 개별화하는 작업이 필요하다. 각자의 개별화된 생각과 전문성 리더의 자질을 기를 수 있도록 방향성 재검토가 필요하다).

영화 〈마더〉

클라이언트

- 〈마더〉 영화를 보고 깜짝 놀랐다. 우리나라 정서와는 맞지 않는다. 어떻게 딸의 남자와 성관계를 할 수 있는지 문화적 차이를 많이 느꼈다. 하지만 여성 노인의 입장에서 공감이 많이 되었다. 애무 없고 사랑하는 일방적인 성관계보다는 정서적 교감을 통해 소통의 방법인 애무를 통해서 사랑하는 과정을 보면서 행복한 여자로서 마음이 이해가 된다.

- 노년의 사랑 확인은 젊었을 때처럼 열정적인 성생활 관계가 아니다. 옆에 든든한 버팀목처럼 친구가 되는 신뢰의 관계라고 표현하고 싶다. 따뜻한 관심과 소통, 서로 이야기를 들어주고 같이 공감해주는 것이 최고이다. 우리가 지금 부부생활을 하고 있지만, 언제 어디서 어떻게 혼자가 될지 모른다. 하지만 이런 생각을 하면서도 막상 옆에 있으면 이런 생각을 잘 하지 못하고, 싸우거나 무시하는 행동들을 한다. 남은 여생 동안이라도 서로 아껴주고, 사랑해주면서 생활하고 싶다.

- 우리가 전문 성 리더라는 타이틀이 중요한 것이 아니라 우리와 연배가 같은 노인들과 이런 부분에 대해서 이야기하고 서로 공감하고 싶다.

워커

- 〈마더〉의 영화 중 주요한 내용을 함께 보면서, 문화와 정서적 차이에 조금 놀랐다. 아마 참여자들은 조금 더 많이 놀라셨을 것 같다. 하지만 〈마더〉에서 여성 노인의 외로움과 사랑을 통해 노년의 진정한 사랑에 대해서 이야기할 수 있는 좋은 기회였다. 노년의 성은 육체적인 것뿐만 아니라, 정서적인 부분이 가장 크다. 이 부분에 대해서 여성 참여자들은 많은 공감을 했지만, 남성 참여자들은 잘 몰랐던 부분이라는 반응이 많았다.

- 남녀의 차이는 있고, 서로 대화하는 방법이 다르고 이해하는 방식도 다르다. 젊었을 때나 나이가 들었을 때

나 이 부분에서는 차이를 인정하는 과정이 필요한 것 같다. 여성 노인이 바라보는 노인의 성, 남성 노인이 바라보는 노인의 성에 대한 정리를 리더들 간 토론하고, 생각하는 시간을 많이 가져야겠다고 생각했다.

연극 〈그대를 사랑합니다〉

클라이언트

- 노년의 남녀가 우연히 만나서 서로 사랑하는 마음으로 인생 마지막까지 함께 하는 내용을 보면서 현재 싱글 노인들의 이성교제 모습을 볼 수 있었다. 또한 서로를 알아가는 과정으로 심리 묘사가 잘 되었고, 서로 이해하는 모습을 통해서 노년의 사랑이야기에 대해 공감할 수 있었다. 지금 현재 내 옆에 있는 부인의 소중함을 느낄 수 있었다.
- 싱글인 노인들은 혼자 외로운 사람이고, 새로운 사람을 만나서 다시 사랑하고 좋아하는 과정은 힘이 든다. 아직도 사회에서는 "늙어서 주책이다"라는 반응이 많으며, 젊었을 때처럼 뜨거운 사랑이 아니지만 서로를 이해하고, 위해주고, 공감하는 사랑이 진정한 노인들의 사랑인 것 같다.
- 늙은 노부부이야기는 정말 눈물이 날 정도로 슬프고, 감동적이었디. 남편이 주차장에서 일을 히는 도중, 치매인 부인이 집밖으로 돌아다니는 등 다양한 고충의 모습을 볼 수가 있었다. 노인 치매는 누구에게도 걸릴 수 있는 병이다. 노년에 걸릴 수 있는 병은 너무나도 다양하기 때문에, 부부 모두가 건강하고 행복하게 살아야 한다. 치매와 함께 합병증으로 부인의 병세가 커지는 모습을 지켜보면서 가슴이 너무 아팠다. 아픈 부인을 두고 떠날 수 없는 남편의 마음과 부인이 계속 치매와 합병증으로 고생하는 모습에 대한 안타까운 다양한 감정들로 함께 죽음을 택하는 모습을 지켜보면서 "나는 어떤 선택을 할 수 있을까?"하는 생각을 하였다. 남편과 부인과 함께 연극을 보면서 집에 돌아가는 길에는 서로 손을 꼭 잡고 사랑하는 마음으로 발길을 옮겼다.

워커

- 〈그대를 사랑합니다〉를 보면서 감동적인 부분은 "젊은이들은 마음에 들지 않으면 금방 헤어지고, 자기 마음 내키는 대로 하지만, 우리는 그런 과정도 다 겪었고, 앞으로 살날이 많지 않고, 지금 서로 사랑하는 마음만이라도 충분하다. 그리고 서로 이해하고, 공감하면 무엇이든지 다 된다"라는 말을 통해서 참여자들의 연륜을 느낄 수 있었다.
- 현재 싱글 어르신들의 이성교제 과정, 노부부의 이야기, 젊은이들의 사랑을 통해서 우리가 관심을 크게 가지지 않은 부분에 대해서 다시 한 번 생각할 수 있었다. 우리나라 현재 싱글 노인들이 많고, 이를 위한 이성교제를 위한 방법이나 서로 소통할 수 있는 프로그램 개발의 필요성을 많이 느꼈다. 또한 치매로 어려움을 겪는 가정에 정보제공자의 역할 등 노인복지 측면에서도 생각해보았다.
- 노인의 성은 육체적인 성생활의 중요성보다는 정서적이고, 지지적인 사랑에 대한 확인과 표현이 중요하다. 젊었을 때의 혈기 왕성한 성생활에서 신체적 변화에 따른 노후로 인한 변화를 서로 이해하고, 정서적인 측면에서 서로 소통하고 이야기하는 과정이 필요하다.

3회기 프로그램 전체에 대한 후기

강사

- 참여자들이 부부의 관점으로만 보고 토론 수업에 참여하고 있다. 이 교육이 다른 사람들을 가르치는 강사임을 아직 생각하지 않고 있고, 현재 자신들의 관점으로만 바라보는 것 같다. 다음 시간에는 노년의 관점에서 바라본 성 인식의 차이에 대한 토론 시간을 가져 부부가 아닌 개별 참여자들의 생각을 도출할 수 있도록 진행하겠다.
- 몇몇 참여자들은 아직까지도 노인의 성을 부정적으로 인식하여, 프로그램에 저항하는 모습을 보이고 있다.
- 〈죽어도 좋아〉라는 영화를 통해서 싱글 남녀 노인들이 서로 사랑하는 과정을 보면서, 참여자들은 옆에 있는 남편과 부인의 소중함에 대해 이야기하는 시간을 가졌다.

슈퍼바이저

- 영상 매체를 이용해서 노년의 성에 대해 생각할 수 있는 좋은 시간이었습니다. 성은 인간의 기본적인 욕구이며, 건강한 생활을 위한 필수 조건입니다. 노인 전문 성교육 리더들은 성에 대한 기본 지식뿐만 아니라, 공감대를 형성할 수 있는 강사의 자질이 이제는 프로그램에 적용돼야 된다고 생각합니다.
- 첫 회기는 오리엔테이션, 프로그램 방향성을 제시하였고, 두 번째는 노년에 대한 성에 대한 인식, 마지막으로 영화 속의 노년에 대한 성에 대해 진행하였지만, 앞으로는 참여자들이 리더의 역할에 대해 숙지하고 프로그램에 능동적으로 참여하는 모습, 노년의 성에 대해서 방어하지 않고 편안하게 자신들을 노출할 수 있도록 진행하기 바랍니다.

차기계획

- 사회가 인식하는 노년기의 성에 대해 이야기 나누기

대중문화 속의 노년기 성(Ⅰ)

	죽어도 좋아	마더	그대를 사랑합니다
영화/연극			
말하고자 하는 주제			
느끼는 주제			
공감되는 부분			
공감이 되지 않는 부분			
대중문화의 한계			
영화/연극을 본 후 느낀점			

자료: 각 영화·연극 포스터 http://movie.naver.com.

사용방법
● 각자 워크지 배포하여, 영화와 연극을 감상하고 난 후 느낌을 적게 한다.
● 워크지를 작성한 후 토론시간에 워크지를 보고 발표할 수 있도록 유도한다.

대중문화 속의 노년기 성(Ⅱ)

구분	시사점	영화/연극		
		죽어도 좋아	마더	그대를 사랑합니다
1	노년의 성에 대한 나의 생각은?			
2	공유할 점은? · 긍정적인 점 · 부정적인 점			
3	여성 노인의 시각			
4	남성 노인의 시각			
5	교육 진행 시 예제			
6	대중문화 속의 노년기 성 정리			
7	사회가 인식하는 노년기 성			

사용방법 ● 마무리단계에서 대중문화 속의 노년기에 대한 의견을 나누기 전에 작성할 수 있는 시간을 갖는다.

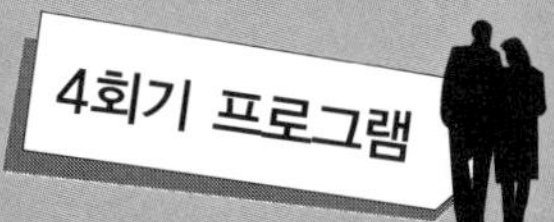

4

사회가 인식하는 노년기 성

활동목표	1. 대중문화 속에 표현된 노년기 성에 대해 올바르게 이해한다. 2. 노년기 성에 대해 고정관념을 깨도록 한다. 3. 사회문화의 한 부분으로서 노년기의 성을 이해한다. 4. 발마사지를 통해 부부가 교감하는 시간을 갖는다.
회 기	4회기(80분)
준비물	명상 음악 CD, CD 플레이어, 물티슈, 오일, 매트, 활동 워크지, 필기도구
한 발짝 다가서기	■ 프로그램 참여자들은 과거 많은 교육 경험이 있기 때문에 전문 성 리더 양성에 초점이 되어 일방적인 정보제공의 프로그램 진행보다는, 참여자들이 직접 체험하고 변화되는 부분을 느낄 수 있도록 프로그램을 진행한다. ■ 서로의 의사소통에 대한 방식, 서로의 배려에 대해 생각할 수 있는 기회를 제공한다. ■ 정서적인 노년기의 성 부분에 대해 중요성을 경험을 통해 노년의 성에 대한 고정관념의 틀에서 벗어나도록 한다. ■ 외부 성교육 진행 시 청중들과 소통하고, 공감하고, 배려하는 방법을 배운다.

활동과정	활동내용	시간(분)
도입	1) 부부 의사소통, 부부 대화시간 검사 워크지를 설명한다. 2) 발마사지에 대해서 설명한다.	10분
전개	1) 부부 의사소통, 부부 대화시간, 의사결정 유형, 의사소통 유형 검사지에 대한 워크지를 작성한다. (20분) 　· 워크지를 체크하여, 자신의 의사결정 유형을 알아보고, 부부 대화시간과 부부 의사소통 방법에 대해 이야기하기 　· 의사소통 유형 검사지를 통해 나의 의사소통 방법에 대해서 알아보기 2) 사회가 인식하는 노년기 성에 대해서 알아본다. (20분) 3) 부부가 한 팀이 되어, 서로에게 발마사지를 해준다. (20분) 　· 서로 마주 보기 　· 의자에 앉아서 음악에 맞춰 명상의 시간을 가지기 　· 물티슈로 상대방의 발을 닦아주기 　· 남편의 발을 마사지하기 　· 부인의 발을 마사지하기 　· 서로에게 발마사지를 해준 후, 서로에게 "그동안 나와 함께 사느라고 애썼다, 고맙습니다, 미안합니다, 사랑합니다"하며 상대방과 교감하기 　· 발마사지를 하고 난후 서로의 소감을 들어보기	60분
마무리	1) 나의 의사결정 유형, 부부 대화시간과 부부 의사소통에 대한 올바른 방법을 제시해본다. 2) 노년기 성에 대한 나의 고정관념의 변화에 대해서 정리하는 시간을 가진다. 3) 발마사지를 통한 전후 비교를 통해서 변화된 모습을 확인해본다.	10분

01 | 도입단계(10분)

1) 부부 의사소통, 부부 대화시간에 대한 워크지를 소개한다.
2) 의사결정 유형 검사, 서로에게 바라는 점 이것만은 꼭 해줬으면 좋겠다에 대한 워크지를 설명한다.
3) 부부교감을 위한 발마사지에 대해서 설명한다.

02 | 전개단계(60분)

1) 부부대화에 관한 프로그램 진행

(1) 부부 의사소통, 부부 대화시간, 의사결정 유형 검사 워크지를 작성한다.
(2) 부부 의사소통 검사 워크지를 통해 부부가 대화로 문제를 얼마만큼 해결하는지, 의사소통의 방법에 대한 결과를 서로 이야기한다.
(3) 부부 대화시간에 대한 워크지를 통해 대화시간, 대화방식, 부부친밀감의 정도를 알아본다.
(4) 부부대화에 관한 프로그램을 진행한 후, 마지막으로 서로에게 바라는 점, 이것만 꼭 해줬으면 좋겠다 워크지를 작성한 후, 상대방에게 서로 읽어준다.
(5) 의사결정 유형 검사를 통해 나의 의사결정에 대해서 점검해본다.

부부 의사소통

의사소통의 개념과 기능

의사소통 개념은 주로 구조적 관점, 기능적 관점, 의도적 관점의 3가지 측면으로 개념화되고 있다. 구조적 관점에서 의사소통의 개념은 정보나 메시지를 주고받는 과정 또는 정보가 이곳에서 저 곳으로 흐르는 과정, 즉 그 구조 자체를 강조하는 견해이다.

두 번째로 기능적 관점에서 의사소통의 개념은 인간의 기호를 사용하는 행동 자체로 보고 기호와 행동 과정에 중점을 두는 견해이다. 세 번째로 의도적 관점에서 의사소통의 개념은 한 인간이 다른 인간에게 영향을 미치기 위하여 의도적으로 계획된 행동으로 보는 견해이다.

이상의 세 관점을 통합한다면 의사소통이란 기호로 서로가 전달하고자 하는 메시지를 전달하고 수신하여 서로의 공통된 의미를 수립하며 나아가 서로의 행동에 영향을 미치는 과정이다.

부부 의사소통의 중요성

부부가 함께 사는 법을 터득하며 자신과 배우자의 역할과 목표를 알게 되고 상대방에게 사랑과 존경을 표현하는 부부 의사소통의 방법은 중요하다.

Talk Talk!

부부친밀감의 정도

하나. 우리 부부가 친밀감을 많이 느끼고 있을 때는 언제인가요?

- 함께하는 운동, 취미생활을 하고 있을 때
- 서로의 건강을 체크하고, 챙기는 모습을 볼 때
- 가정사에 대해 서로 이야기할 때
- 함께할 수 있는 취미를 갖도록 노력하고, 많은 대화를 서로 나눌 때
- 싸울 때(우리가 아직 젊고, 혈기 왕성하다고 생각이 듦)
- 자식의 이야기를 하거나, 손자손녀의 이야기를 할 때
- 서로 공감된 이야기를 할 때

둘. 우리 부부가 모두 가장 친밀감을 적게 느끼고 있을 때는 언제인가요?

- 의견이 서로 다를 때

- 가끔 성격차이로 대화가 끊어질 때

- 친정에 대해 관심을 보이지 않을 때

- 같이 있지만 서로 딴 생각하고 있을 때

- 서로의 입장에서만 이야기하고, 상대방의 입장에서 생각하지 않을 때

▨ 셋. 우리 부부에게 친밀감의 간격이 가장 클 때 각자의 해결방법은 무엇인가요?

- 서로에게 시간을 준다.

- 취미 생활이 같지 않아도, 남편 취미에 적극 협력함으로써, 나 자신의 새로운 부분도 발견하게 된다.

- 그 자리에서 해결하기 보다는 생각을 정리하고, 잠자리에 들 때 서로 이야기한다.

- 이야기해봤자 소용이 없으므로 그냥 참는다.

- 자식 또는 친구들에게 말하면서 그냥 푼다.

Talk Talk!

강의 NOTE

의사결정 유형

1. 합리적 유형

의사결정 과업에 대해 논리적이고 체계적으로 접근하는 것을 의미한다. 결정에 대한 책임을 수용하며, 이후의 결정들을 위해서는 이전 결정들의 결과를 평가할 수 있는 능력을 소유하고, 미래의 의사결정의 필요성을 예견하고 자신 및 기대되는 상황에 대한 정보를 수집하는 등의 준비를 한다. 따라서 자신과 상황에 대하여 정확한 정보를 수집하고 신중하게 논리적으로 의사결정을 수행해 나가며 의사결정에 대한 책임을 자신이 진다.

합리적 유형은 의사결정이 심리적 독립과 성장에 도움이 된다. 잘못하거나 실패할 확률이 낮다. 그러나 의사결정에 시간이 오래 걸린다는 단점이 있다.

2. 직관적 유형

의사결정에 있어서 개인 내적인 감정 상태에 의존하는 것을 의미한다. 합리적 유형과 같이

의사결정에 대한 책임을 지지만 미래에 대해서 예견을 거의 하지 않고 정보 수집을 위한 활동도 별로 하지 않으며, 대안이나 사실에 대한 논리적인 평가 과정을 거의 갖지 않는다. 의사결정의 기초로서 환상 혹은 상상을 사용하고 현재의 감정에 주의를 기울이며 정서적 자각을 사용하는 특징이 있다.

결과 과정에 대한 각 단계의 선택과 수용이 비교적 빨리 이루어지며, 종종 어떻게 결정에 도달하였는가를 명백하게 진술하지 못하는 경향이 있다. 빠른 의사결정, 스스로 선택에 책임을 지는 장점이 있으나 잘못하거나 실패할 확률이 높다.

3. 의존적 유형

합리적, 직관적 유형과는 다르게 의사결정에 대한 개인적인 책임을 부정하고 그 책임을 자신 이외의 가족이나 친구, 동료 등 외부로 투사하려는 경향이 있다.

의사결정 과정에서 타인의 영향을 많이 받으며 수동적·사회적 인정에 대한 욕구가 높으며, 의사결정 상황이 여러 가지로 제한받는다고 지각한다. 장점보다는 의사결정을 내려야 할 때 정서적으로 불안을 느끼거나 소신 있게 일을 처리하지 못하는 점, 실패했을 때 남의 탓을 하는 단점이 있다.

2) 사회가 인식하는 노년기 성 인식하기

(1) 노인의 성을 중심으로 나타나는 다양한 사회 현상들은 사회적 인식 전환이 필요하며, 나아가 건강한 성문화의 정착이 필요하다는 점을 보여준다.

☞ 우리 사회에서 노인들의 성과 관련된 오해와 편견들, 신체적 변화에 따른 심리적 부적응, 사회적으로 나타나는 현상들은 굴절되고 왜곡된 형태로 노인의 성 문화로 자리잡아가고 있다. 이러한 과정은 건강한 노인 성 문화 정착과 양산을 위한 연구와 지원이 필요하다는 점을 인식시킨다.

올바른 노인 성 문화 정책을 위한 제언 '정년 없는 성-주책에서 상책으로'

1. 노인의 성에 대한 인식 전환

노인들 스스로가 자신들의 성활동에 대해서 적극적이고 개방적인 자세를 취한다.

성적인 욕구에 대해 자신이 가지고 있는 욕구를 회피하거나 무조건적으로 억누르는 방법을 사용하기보다는 욕구를 해소할 수 있는 적절한 통로는 찾는 것이 중요하다.

개인적 참여와 더불어 실제적인 노인들의 인식 전환이 필요하다.

2. 노인 성교육과 대안적 프로그램 개발

성공적인 노화가 관심이 되는 시기이므로 노인을 대상으로 하는 성공적인 성생활 교육이 필요하다.

노년기의 신체적 변화와 성기능 변화, 성활동에 대한 올바른 인식 확대를 위한 교육을 노인들에게 제공한다. 또한 노인이 성에 대한 관심과 개인적 문제를 해결하기 위한 노인전용 상담 창구를 마련하는 등 대안적인 프로그램 개발이 중요하다.

3. 젊은 세대를 대상으로 하는 노인 성교육

사회적 서비스를 제공하는 젊은 세대들에게 노인의 성에 대한 이해가 필요하다. 이들이 건강하고 구체적인 노인의 성에 대해 교육을 제공한다면, 노인에게 현실적으로 필요하고 적절한 서비스를 제공할 수 있을 뿐만 아니라, 향후 성에 관한 향상된 서비스 제공을 위한 프로그램과 정책 개발이 이루어질 것이다. 그로 인해 왜곡된 성문화를 바로 잡고, 노인의 성적 욕구와 발달에 적합한 서비스를 창출하며, 건전한 노인 성 문화 양상을 위한 거푸집을 만드는 역할을 할 것이다.

4. 대중매체의 참여

노인들의 성에 대한 올바른 정보 제공과 바람직한 성 문화를 확립하기 위한 홍보와 협력이 함께 이루어진다면 고령화 시대에 노인의 성은 새 시대의 행복한 문화로 자리 잡을 것이다.

3) 부부가 한 팀이 되어, 발마사지 하기

(1) 부부교감 프로그램인 발마사지에 대해서 설명한다.

(2) 음악을 통해서 명상시간을 가진다.

(3) 서로의 발을 물티슈로 닦아주고, 오일을 발라 발마시지를 해준다.

(4) 서로 바꿔가면서 발을 마사지해준다.

(5) 마사지를 하면서 서로 교감하고, 마음속의 말을 자연스럽게 하도록 유도한다.

03 | 마무리단계(10분)

(1) 부부 의사소통에 대한 올바른 방법을 제시해본다.

(2) 나의 의사결정 유형을 통해서 나의 의사결정 모습을 점검한다.

(3) 노년기 성에 대한 나의 고정관념의 변화에 대해서 정리하는 시간을 가진다.

(4) 발마사지 전후 비교를 통해서 변화된 모습을 확인해본다.

클라이언트

- 서로에게 발마사지를 해주면서 많은 것을 느꼈다. 결혼해서 처음으로 남편이 내 발을 마사지 해줘 너무 감동적이었다.
- 남편이 처음으로 발마사지도 해주고, 사랑한다는 말도 해줘서 너무 뜻 깊은 시간이었다.
- 앞으로 여생을 어떻게 살아야 할지에 대해 생각해보는 기회였다. 여태까지 싸움도 많았지만 발마사지를 하니까 그런 것이 모두 싹 잊어지고 고마운 마음이 든다.
- 우리 세대가 참 불쌍한 시대에 태어난 사람들인데 이런 것들을 일찍 배웠더라면 하는 아쉬움이 남는다.
- 발마사지를 해보니까 내가 부인에게 못해 준 것에 대해 미안함이 느껴진다.
- 난생 처음 남편의 발을 만졌는데 참 그동안 "가족을 위해 고생하고 살았구나" 하는 생각이 들어 많이 고마웠다.
- 프로그램을 마치고 나서, 노년기 성에 대한 고정관념을 자연스럽게 깰 수 있었다. 이런 것 하나하나가 노년의 성이며, 이것을 깨닫기 위해서는 신체적인 접촉도 참 중요한 것 같다. 집에 가서도 안아주고, 만져주고, 발마사지도 해줘야겠다.
- 부부끼리 서로 상호작용할 수 있고, 공감대를 형성할 수 있는 시간이어서 기라성 프로그램이 너무 좋다.
- 다음 프로그램 시간이 기대되며, 이제는 성교육 전문 리더의 역할을 할 수 있도록 노력하는 마음을 가져야겠다.
- 노년의 성에 대한 프로그램이라서 처음에는 많이 낯설고 어색해 그 필요성에 대해서 잘 알지 못했지만, 프로그램이 진행될수록 그 필요성이 자연스럽게 느껴졌다.

워커

- 오늘 수업은 부부(남편-아내)의 사랑을 서로 확인 할 수 있는 시간이었다. "남편이 처음으로 나의 발을 마사지 해주어서 너무 감동했다" "내가 처음으로 발을 마사지 해줬다" 등 서로의 교감을 통해서 "사랑한다. 미안하다"하며, 서로 교감할 수 있는 부분을 극대화하였다.
- 여성 참여자들이 감동의 눈물을 흘리는 모습을 보면서, 이 프로그램을 통해서 참여자들이 행복하고 즐거운 노후를 보낼 수 있도록 부부집단의 성교육이라는 딱딱함에서 벗어나 긴장을 완화시키고 기라성 프로그램 교육에 대한 긍정적인 인식이 재확립되었다. 노인 전문 성 리더의 역할 인식이 긍정적으로 확립되어 모두가 만족한 프로그램이었다.
- 노인 전문 성 리더 양성 프로그램인 만큼, 프로그램 참여자들에게 다소 스트레스와 긴장을 해소해준 것 같다. 부부 교감시간을 통해서 긴장과 스트레스가 해소되도록 프로그램 방향성의 재검토가 필요하겠다.

강사

- 발마사지 워밍업 이후, 프로그램 목표 의식을 정확히 알게 해준 회기였다. 이를 통해서 집단에 대한 긴장감과 리더 양성에 대한 스트레스에 대해서 강사로서 민감하게 인지하지 못한 부분을 잘 체크해야 되겠다. 앞으로 프로그램 참여자들의 긴장을 이완하고, 스트레스를 해소할 수 있는 소스들을 프로그램에 넣어 함께

병행하고자 한다.

- 4회기 프로그램을 통해서, 기라성 노인 전문 성 리더들이 프로그램에 대한 긴장이 완화되어 집단 소속감과 프로그램 공감대를 형성할 수 있어서 참 좋았습니다. 프로그램 참여자들의 욕구에 부합하도록 프로그램을 진행하는 것은 어렵고도 참 중요한 과제입니다.
- 잘 형성된 공감대를 통해 더욱 더 발전되는 기라성 프로그램이 되었으면 합니다. 자조모임 및 외부활동 계획도 잘 세워서 프로그램 목적에 맞게 진행하길 바랍니다. 그동안 부정적이고 비관적이었던 그룹이 긍정적이고 적극적으로 변화되었다는 것은 집단이 활성화될 수 있는 시발점이라고 생각합니다. 다만, 4회기 때의 만족감이 5, 6회기에 지속되리라는 보장은 없겠지요. 집단이 지속될 수 있는 노하우와 특성을 파악하여 교육 본연의 역할이 활성화되기를 기대해봅니다.

차기계획

- 부부 교감시간을 통해 노년기의 성 올바로 이해하기

부부 의사소통 검사

항 목	전혀 그렇지 않다 1	그렇지 않다 2	보통 이다 3	그렇다 4	매우 그렇다 5
1 우리 부부는 대화로 문제를 해결한다.					
2 배우자와 대화할 때 배우자의 말을 잘 귀담아 듣는다.					
3 정말로 속상한 일은 배우자에게 이야기하기 어렵다.					
4 배우자에게 명확하고 솔직한 이야기를 할 수 있다.					
5 배우자에 대해 선입견을 가지고 말을 함부로 한다.					
6 문제가 발생하면 문제의 원인을 배우자의 탓으로 돌린다.					
7 배우자와 해결해야 할 문제가 무엇인지 명확하게 알고 있다.					
8 문제해결을 할 때 문제의 핵심에서 벗어나지 않으려고 노력한다.					
9 배우자의 기분을 상하지 않게 하면서 반대 의견을 말할 수 있다.					
10 우리 부부는 반대의견을 이야기 할 때 서로의 기분을 상하게 한다.					
11 우리 부부는 문제해결을 위해 여러 대안을 함께 생각해본다.					
12 우리 부부는 서로의 말을 오해하는 경우가 많이 있다.					
13 나는 배우자와 이야기 할 때 신문이나 TV를 계속 보고한다.					
14 문제에 대하여 나의 책임을 인정한다.					
15 배우자가 이야기할 때 배우자의 눈을 쳐다보며 고개를 끄덕여 준다.					
16 가능한 한 그 문제에 대한 배우자의 입장을 이해한다.					
17 가능한 한 의논할 때, 배우자는 그 문제와 관련된 과거 일을 자주 언급한다.					
18 배우자가 해결하고자 하는 문제에 동의한다.					
19 배우자가 화낼까봐 두려워 반대의견을 이야기하지 못한다.					
20 배우자와 나의 기쁨, 슬픔, 애정, 분노의 감정을 같이 나눈다.					
21 배우자에게 내가 바라는 것을 이야기하기 어렵다.					
22 우리 부부는 대화함으로 기쁨을 누린다.					

자료: 서규광(2008), 「교회 내 중년 부부 관계 향상 프로그램 사티어의 의사소통 중심으로」, 한남대학교 학제신학대학원 석사학위논문.

사용방법
- 자신이 생각하는 부부 의사소통에 대해서 10분 동안 생각한다.
- 내가 남편 또는 부인의 입장에서 의소사통을 어떻게 하고 있는지 각 문항을 자세히 읽고 해당되는 부분에 체크한다.
- 자신이 체크한 부부 의사소통 워크지를 상대방과 바꿔서 본다.
- 부부 의사소통 워크지를 통해서 본 부부의 의사소통에 대해서 자유롭게 이야기한다.
- 앞으로의 부부 의사소통 방법과, 서로에게 바라는 점에 대해서 이야기한다.

부부 대화시간 검사

1. 하루 평균 배우자와 대화하는 시간은 어떻게 되십니까?

① 10분 미만   ② 10~30분

③ 30분~1시간   ④ 1~2시간

⑤ 2시간 이상

2. 부부간 대화시간이 충분하다고 생각하십니까?

① 충분하다.   ② 비교적 충분하다.

③ 보통이다.   ④ 충분하지 않다.

⑤ 전혀 충분하지 않다.

3. 배우자와의 대화 부족은 무엇 때문이라고 생각하십니까?

① 상대방이 나와 대화하기 싫어하기 때문   ② 배우자와 함께 있는 시간이 적어서

③ 서로 대화가 통하지 않아서   ④ 내가 배우자와 대화하기를 싫어해서

⑤ 자녀 돌보느라 시간이 없어서   ⑥ 서로 볼 일이 별로 없어서

⑦ 기타 (________________________)

4. 배우자와 주로 대화하는 시간은 언제입니까?

① 식사시간   ② 휴식시간

③ 잠자리에서   ④ 전화로

⑤ 기타 (________________________)

5. 부부간 의사소통 방식은 어떻습니까?

① 부부가 모두 이야기를 잘 안하는 편이다.

② 부인이 주로 이야기 하는 편이고, 남편은 듣는 편이다.

③ 남편이 주로 이야기 하는 편이고, 부인은 듣는 편이다.

④ 부부가 서로 이야기를 주고받는다.

6. 배우자와의 대화는 만족하십니까?

    ① 매우 만족한다.

    ② 비교적 만족한다.

    ③ 보통이다.

    ④ 만족하지 않는다.

    ⑤ 매우 불만족하다.

7. 우리 부부가 모두 가장 친밀감을 많이 느끼고 있을 때는 언제입니까?

8. 우리 부부가 모두 가장 친밀감을 적게 느끼고 있을 때는 언제입니까?

9. 우리 부부에게 친밀감의 간격이 가장 클 때 각자의 해결방법은 무엇입니까?

사용방법 ● 프로그램 특성에 맞추어 자체 제작하여 사용하였으며, 양적/질적 측면에서 참여자들의 대화를 점검해보는 시간을 갖는다.

서로에게 바라는 점
이것만은 꼭 해줬으면 좋겠다!

1.

2.

3.

사용방법 ● 부부 의사소통 방법을 돌아보고, 노년의 원활한 의사소통을 위해 서로에서 바라는 점 순위를 1위~3위로 각각 작성하여, 서로에게 읽어준다.

기막히게 **라**름다운 우리들의 **성**이야기

의사결정 유형 검사

우리는 매순간 선택하고 의사결정을 한다. 의사결정을 하는 방식은 성격과 관련이 깊다. 이 검사는 의사결정 유형을 합리적·직관적·의존적의 세 가지로 분류하여 그 특성에 따라 빠지기 쉬운 오류와 장점에 대해 알아본다.

다음을 읽고 자신의 성향과 비슷하면 예(○), 다르면 아니오(×)에 표시하시오.

[○ ×] 나는 중요한 의사결정을 할 때 체계적으로 한다.
[○ ×] 나는 내 자신의 욕구에 따라 매우 독특하게 의사결정을 한다.
[○ ×] 나는 얻을 수 있는 정보를 수집하지 않고는 중요한 의사결정은 거의 하지 않는다.
[○ ×] 의사결정을 할 때 내 친구들이 나의 결정을 어떻게 생각할 것인가를 매우 중요시한다.
[○ ×] 나는 의사결정을 할 때, 의사결정과 관련된 결과까지 고려한다.

[○ ×] 나는 다른 사람의 도움 없이는 중요한 의사결정을 하기가 힘들다.
[○ ×] 나는 어려운 문제에 부딪치면 재빨리 결정을 내린다.
[○ ×] 나는 의사결정을 할 때, 시간을 갖고 주의 깊게 생각해본다.
[○ ×] 나는 문제의 본질에 대해 찰나적으로 떠오르는 생각에 따라 결정한다.
[○ ×] 나는 친한 친구에게 먼저 이야기하지 않고는 의사결정을 거의 하지 않는다.

[○ ×] 나는 중대한 의사결정문제가 예상될 때, 그것을 계획하고 생각할 시간을 충분히 갖는다.
[○ ×] 나는 의사결정을 못한 채 뒤로 미루는 경우가 많다.
[○ ×] 의사결정을 하기 전에 올바른 사실을 알고 있나 확인하기 위해 관련된 정보들을 다시 살펴본다.
[○ ×] 나는 의사결정에 관해 실제로 생각하지 않지만 갑자기 생각이 떠오르면 무엇을 해야 할지를 알게 된다.
[○ ×] 어떤 중요한 일을 하기 전에 나는 신중한 계획을 세운다.

[○ ×] 의사결정을 할 때 나는 다른 사람의 많은 격려와 지지를 필요로 한다.
[○ ×] 나는 의사결정을 할 때, 마음이 가장 끌리는 쪽으로 결정을 한다.
[○ ×] 나는 나의 인기를 떨어뜨릴 의사결정을 별로 하고 싶지 않다.
[○ ×] 나는 의사결정을 할 때, 예감 또는 육감을 중요시한다.

[○ ×] 나는 조급하게 결정을 내리지 않는데, 그 이유는 올바른 의사결정임을 확신하고 싶기 때문이다.

[○ ×] 어떤 의사결정이 감정적으로 나에게 만족스러우면 나는 그 결정을 올바른 것으로 본다.

[○ ×] 올바른 의사결정을 할 수 있는 능력이 부족하기 때문에 주로 다른 사람의 의견에 따른다.

[○ ×] 종종 내가 내린 각각의 의사결정을 일정한 목표를 향한 진보의 단계들로 본다.

[○ ×] 내가 내리는 의사결정을 친구들이 지지해 주지 않으면 그 결정에 대해 확신을 갖지 못한다.

[○ ×] 의사결정을 하기 전에, 나는 그 결정을 함으로써 생기는 결과에 대해 가능한 한 많은 답을 알고 싶다.

[○ ×] 나는 "이것이다"라는 느낌에 의해 결정을 내릴 때가 종종 있다.

[○ ×] 대개의 경우 나는 주위 사람들이 바라는 방향으로 의사결정을 한다.

[○ ×] 여러 가지 정보를 수집하거나 검토하는 과정을 갖기보다, 나에게 떠오르는 생각대로 결정을 내리는 경우가 자주 있다.

자료: 고려대학교부설 행동과학연구소편(2000), 「심리척도 핸드북2」, 학지사.

사용방법
● 나의 의사결정과정의 모습을 살펴본다.
● 체크한 워크지를 파트너와 바꿔가면서 나의 의사결정과정 모습과 맞는지 서로 이야기한다.

의사소통 유형 검사

다음 문항을 읽고 자신에게 해당하는 문항의 괄호 안에 체크하세요.

1. 나는 상대방이 불편하게 보이면 비위를 맞추려고 한다. (a   )

2. 나는 일이 잘못되었을 때 자주 상대방의 탓으로 돌린다. (b   )

3. 나는 무슨 일이든지 조목조목 따지는 편이다. (c   )

4. 나는 생각이 자주 바뀌고 동시에 여러 가지 행동을 하는 편이다. (d   )

5. 나는 타인의 평가에 구애받지 않고 내 의견을 말한다. (e   )

6. 나는 관계나 일이 잘못되었을 때 자주 내 탓으로 돌린다. (a   )

7. 나는 다른 사람들의 의견을 무시하고 내 의견을 주장하는 편이다. (b   )

8. 나는 이성적이고 차분하며 냉정하게 생각한다. (c   )

9. 나는 다른 사람들로부터 정신이 없거나 산만하다는 소리를 듣는다. (d   )

10. 나는 부정적인 감정도 솔직하게 표현하다. (e   )

11. 나는 지나치게 남을 의식해서 나의 생각이나 감정을 표현하는 것을 두려워한다. (a   )

12. 나는 내 의견이 받아들여지지 않으면 화가 나서 언성을 높인다. (b   )

13. 나는 나의 의견을 분명하게 표현하기 위해 객관적인 자료(뉴스, 신문 등)를 자주 인용한다. (c   )

14. 나는 상황에 적절하지 못한 말이나 행동을 자주 하고 딴전을 피운다. (d   )

15. 나는 다른 사람이 내게 부탁할 때 내가 원하지 않으면 거절한다. (e   )

16. 나는 사람들의 얼굴 표정, 감정, 말투에 신경을 많이 쓴다. (a   )

17. 나는 타인의 결점이나 잘못을 잘 찾아내어 비판한다. (b   )

18. 나는 실수하지 않으려고 애쓰는 편이다.(c   )

19. 나는 곤란하거나 난처할 때는 농담이나 유머로 그 상황을 바꾸려고 하는 편이다.(d   )

20. 나는 나 자신에 대해 편안하게 느낀다. (e   )

21. 나는 타인을 배려하고 잘 봐주는 편이다. (a   )

22. 나는 명령적이고 지시적인 말투를 자주 사용하기 때문에 상대가 공격받았다는 느낌을 받을 때가 있다. (b   )

23. 나는 불편한 상황을 그대로 넘기지 못하고 시시비비를 따지는 편이다. (c   )

24. 나는 불편한 상황에서는 안절부절 못하거나 가만히 있지를 못한다. (d   )

25. 나는 모험하는 것을 두려워하지 않는다. (e   )

26. 나는 다른 사람들이 나를 싫어할까 두려워서 위축되거나 불안을 느낄 때가 많다. (a   )

27. 나는 사소한 일에도 잘 흥분하거나 화를 낸다. (b   )

28. 나는 현명하고 침착하지만 냉정하다는 말을 자주 듣는다. (c   )

29. 나는 한 주제에 집중하기보다는 화제를 자주 바꾼다. (d   )

30. 나는 다양한 경험에 개방적이다. (e   )

31. 나는 타인의 요청을 거절하지 못하는 편이다. (a   )

32. 나는 자주 근육이 긴장되고, 목이 뻣뻣하며 혈압이 오르는 것을 느끼곤 한다. (b   )

33. 나는 나의 감정을 표현하는 것이 힘들고 혼자인 느낌이 들 때가 많다. (c   )

34. 나는 분위기가 침체되거나 지루해지면 분위기를 바꾸려 한다. (d   )

35. 나는 나만의 독특한 개성을 존중한다. (e   )

36. 나는 나 자신이 가치가 없는 것 같아 우울하게 느껴질 때가 많다. (a   )

37. 나는 타인으로부터 비판적이거나 융통성이 없다는 말을 듣기도 한다. (b   )

38. 나는 목소리가 단조롭고 무표정하며 경직된 자세를 취하는 편이다. (c   )

39. 나는 불안하면 호흡이 고르지 못하고 머리가 어지러운 경험을 하기도 한다. (d   )

40. 나는 누가 나의 의견에 반대해도 감정이 상하지 않는다. (e   )

자료: 김영애(2002), 『인간관계 및 부부관계 개선을 위한 사티어 의사소통 훈련프로그램』, 김영애가족치료연구소, p 169~170.

사용방법
- 유형 구분 문항
  a. 회유형: 1, 6 , 11, 16, 21, 26, 31, 36
  b. 비난형: 2, 7, 12, 17, 22, 27, 32, 37
  c. 초이성형: 3, 8, 13, 18, 23, 28, 33, 38
  d. 산만형: 4, 9, 14, 19, 24, 29, 34, 39
  e. 일치형: 5, 10, 15, 20, 25, 30, 35, 40
- 유형별로 합산하여 높은 점수가 나올수록 그 사람이 주로 사용한 의사소통 유형 방식이다. 그러나 상황이나 대상에 따라 다른 의사소통 유형을 사용할 수 있다.
- 비일치적 의사소통을 반복적으로 사용하여 관계를 그르칠 때는 자신의 의사소통을 변화시키도록 노력해야 한다.

5

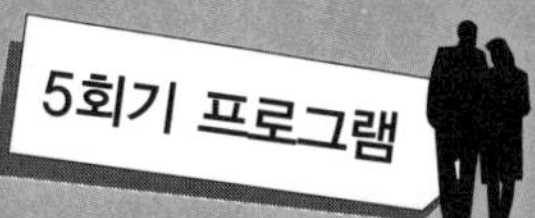

노년기 성의
재인식 I

활동목표	1. 올바른 노년기의 성 지식 및 태도를 가진다.
	2. 노년기 성 지식에 관한 퀴즈를 통해 노년기 성에 대한 올바른 인식을 갖도록 한다.
	3. 노년기 성 지식에 대해 자유롭게 이야기 나눈다.
	4. 부부간의 노년기 성생활에 대해 함께 나눔으로써 서로를 이해한다.
	5. 건전한 노년의 부부 성생활을 통해 자아존중감을 높인다.

회 기	5회기(95분)

준비물	명상음악 CD, CD 플레이어, 스케치북, 매직펜, 활동 워크지, 필기도구

한 발짝 다가서기	■ 전문 성 리더 양성 프로그램은 총 12회로 현재 5회 프로그램 때 중간 점검을 실시한다. 중간 점검을 통해서 수강생들의 변화된 모습과 프로그램 방향성에 대해서 체크한다.
	■ 부부집단의 특성에서 벗어나 각 개인별 구성원들이 전문 성 리더의 역할을 수행할 수 있도록 노년의 성에 대한 필요성에 대해 몸소 체화될 수 있도록 진행한다.
	■ 전문 성 리더 양성 프로그램인 만큼 성관련 지식에 대한 부분도 참여자들에게 정확한 지식을 전달할 수 있도록 한다.
	■ 참여자들이 오해하고 있는 성 지식을 정리하여, 추후 외부 성교육 진행 시 강의안에 첨부한다.

활동과정	활동내용	시간(분)
도입	1) 워밍업 프로그램인 '내 짝꿍과 배려에 빠지다'를 진행한다. 　· 명상음악에 맞춰 상대방의 신체 부분을 만지지 않고, 상대방에게 따뜻한 손의 기운을 보내주고, 좋은 에너지와 감사의 마음을 서로에게 전달하면서, 상대방을 배려하는 마음가짐 하기 　· 명상음악이 끝날 때까지 각 상대방의 다른 신체부위를 바꿔 가면서 따뜻한 배려해주기	15분
전개	1) 워밍업 후 느낌을 나눈다. (10분) 　· 상대방의 배려에 대해서 이야기 나누기 2) 노년기 성 지식과 관련된 '골든벨을 울려라!'를 진행한다. (30분) 　· 구성원들에게 스케치북에 정답을 적을 수 있도록 하기 3) 부부간의 노년기 성생활을 함께 나눔으로써 서로를 이해하는 시간을 가진다. (20분) 4) 부부교감 테스트, 애정표현 like or hate 워크지를 작성한다. (10분)	70분
마무리	1) 프로그램이 끝난 후 부부간 변화된 모습을 확인해본다. 2) 상대방의 배려에서부터 노년기 성에 대해 전반적으로 정리한다. 3) 성 지식 퀴즈 외 성에 관한 질의응답 시간을 가진다. 4) 부부교감 테스트를 통해서 서로 이야기한다.	10분

01 | 도입단계(15분)

1) 워밍업 프로그램인 '내 짝꿍과 배려에 빠지다'를 소개한다.

2) 서로의 에너지를 공유하고, 서로의 범위와 경계선을 침범하지 않고 서로의 기(氣)를 나눈다.

3) 안아주는 모션과 머리부터 발끝까지 신체부위를 바꿔가면서 배려의 마음을 서로 이해한다.

02 | 전개단계(70분)

1) 워밍업 프로그램 전후를 비교해서 부부대화의 교감에 대해서 이야기한다.

2) 노년기 성 지식 퀴즈인 '골든벨을 울려라'를 진행한다.

- 총 11 문제를 강사가 출제하고, 참여자들은 ○×둘 중 하나의 답을 스케치북에 적는다. 정답을 확인하고, 정답에 대해서 이야기한다.

3) 부부간의 노년기 성생활을 함께 나눔으로써 서로를 이해하는 시간을 가진다.

- 부부로서 과거-현재-미래의 성생활에 대해서 자유롭게 토론한다.

🔊))) Talk Talk!

부부로서 과거-현재-미래의 성생활에 대해서 이야기해주세요.

1. 과거

- 젊었을 때는 눈에 하트가 생기고, 콩깍지가 생겨서 서로 보면 떨리고, 방귀도 앞에서 못끼고 그랬었지.
- 마음에 안 드는 부분도 말도 못하고, 속으로 쌓아만 두었지.
- 우리 세대는 연애결혼이 별로 없어서 서로 잘 알지 못하고, 중매결혼한 경우가 많아서 신혼 초반에는 의사소통 면에서 활발하지 않았어.
- 젊었을 때는 성생활도 자주 가지고, 분위기도 바꿔 가면서 하고 그랬어.
- 남편이 내 몸을 만지면 깜짝깜짝 놀랐어.

- 신혼 때는 매일 붙어 있고 싶었지만, 세월이 지나고 첫째가 생기고, 둘째가 생기니깐 부부생활도 소원해지고 점점 변하더라.

2. 현재

- 현재는 자녀들이 다 부모가 되고, 내가 손자, 손녀들을 맞이하는 입장에서 젊었을 때의 신체적인 성생활보다는 옆에 있다는 것, 함께 생활하는 것이 노년의 성생활이라고 생각해.
- 성생활이라고 해서 성교의 행위뿐만 아니라, 서로 사랑해주고, 스킨십하는 모든 것들을 포함하고 있으니 같은 공간에서 숨쉬고, 생활하고 함께 하루하루를 보내는 거죠.
- 우린 아직도 성생활을 하고 있어요. 젊었을 때와 비교했을 때 횟수와 시간은 비교되지만, 꾸준한 성생활을 통해서 서로 교감하니깐 건강하고 부부친밀감도 여전히 좋아요.
- 젊었을 때의 오르가슴은 없지만 내가 신음소리도 내주고, 좋다고 말하면 남편도 좋아하고 서로 더 사랑할 수 있어서 노년의 성생활은 중요하다고 생각해요. 이 부분은 우리 부부가 건강한 이유고, 증명할 수도 있어요.
- 옛날에는 일방적인 대화였는데, 이제는 서로 터놓고 이야기하니 서로 이해하는 부분도 많아지고, 부부생활이 좀 더 성숙해졌어. 여생을 부부가 함께 마무리하고 싶네.
- 내 옆에 있는 사람의 소중함, 신뢰하고 믿을 수 있는 사람, 언제나 내 편인 사람이라고 생각하는 인생의 동반자라고 생각하고 서로의 아픈 상처를 보듬어주고 싶어.

3. 미래

- 노년기 성의 미래라? 우리도 노년에 성에 대한 중요성을 이제야 알게 되었는데 미래를 어떻게 생각하면 될까? 앞으로의 노년의 성은 보편적으로 사회적 편견이 아닌 우리의 생애주기에 맞는 성교육이 진행되고 있을 것이고, 자연스럽게 받아들여지는 사회적 문화가 미래의 모습일 것이라 생각이 드네.
- 노년기 성생활에 대한 중요성이 성교 중심이 아닌 상대방에 대한 관심을 가지고 사랑하고, 배려하는 마음이 중심이 되어 얼마 남지 않는 순간까지 부부라는 이름으로 또는 친구로서 기라성 같은 존재로 있는 것이 미래의 모습일 것 같아.

Talk Talk!

4) 부부교감 테스트를 한다.

- 부부교감 테스트를 통해서 부부의 모습을 돌아보고, 앞으로 부부의 모습을 고찰해 본다.

5) 애정표현 like or hate 워크지를 작성한다.

- 애정표현 중 좋은 것과 싫은 표현 리스트를 작성해서, 부부가 생각하는 올바른 애정 표현에 대해서 알아본다.

TIP

부부교감 형성을 위한 과제

각 가정으로 돌아가 실천할 수 있는 과제들을 부여하고 다음 시간에 얼마나 했는지, 일상생활의 변화들은 얼마나 있었는지 체크해볼 수 있는 시간을 갖는다.

부부교감 형성을 위한 과제

- 하루에 3분 이상 안아주기
- 하루에 10분 이상 둘만을 위한 대화시간 갖기
- 일주일에 한 번은 배우자의 발 씻어주기
- "사랑해" "고마워"라는 말을 하루에 5번 이상하기
- 1년에 한 번은 둘만을 위한 여행가기

---

03 | 마무리단계(10분)

1) 노년기 성의 재인식 프로그램을 통해서 느낀 점을 공유한다.

2) 상대방의 배려, 애정, 사랑으로부터 시작인 부부의 노년기 성에 대해 전반적으로 정리한다.

3) 성 지식 퀴즈 및 성 지식에 대한 질의응답 시간을 가진다.

4) 부부교감 테스트, 애정표현 like or hate 워크지를 통해서 앞으로의 부부애정 표현에 대해서 이야기하고, 전체적으로 정리한다.

클라이언트

- 성과 관련된 전문 지식을 배움으로써 노인 전문 성 리더 역할 인식과 성교육의 중요성에 대해서 인지하였다.
- 성과 관련된 오해의 내용과 올바른 상식에 대해서 교육을 받고 서로 활발히 이야기하는 시간을 가져서 좋았다.
- 젊었을 때, 이런 성교육을 받았으면 좋았을 걸, 이제야 배우니 내가 직접 손자, 손녀들에게 성교육을 해줘야 겠다.
- 예전에 경험하지 못한 부분을 이제야 속 시원하게 배워서 좋고, 성과 관련된 궁금한 고민들을 해결해주는 사람이 되고 싶다.
- 부부의 성생활을 되돌아봄으로써, 남녀 차이를 인식하고, 앞으로 정서적인 부분에 초점을 두어 부부끼리 교감하는 시간을 앞으로 많이 가졌으면 하는 바람이다.
- 젊었을 때, 늙었을 때 우리가 변화되는 과정에 대해서 생각할 수 있는 좋은 시간이었다. 젊었을 때는 너무 정신없이 지내다가, 노년이 되어 이렇게 노년의 성에 대해서 이야기할 수 있다니 나를 돌아보고, 우리의 부부 생활을 돌이켜보는 시간이었다.

워커

- 참여자들이 수업에 더욱 집중하는 모습을 보였으며, 다양한 성 지식을 통해서 전문 성교육 강사로서의 리더 모습을 갖추기 위해 노력하는 모습을 보았다.
- 노인의 성에 대한 중요성 인지와 함께 올바른 성교육, 성 지식을 쌓기 위해서 변화되는 리더의 모습을 보면서, 향후 진행될 성교육의 방향성을 잡을 수 있었다. 노인 전문 성 리더 양성 프로그램인 만큼, 프로그램 과정 중 참여자들과 같은 연배의 노인, 더 나아가 지역사회 주민들에게 알려주고 싶은 노인의 성에 대한 교안을 개발하여 전문 성 리더들이 진짜 하고 싶은 이야기를 담아, 노년의 성교육을 진행하였으면 하는 바람이다.

강사

- 성 지식 퀴즈를 통해 참여자들이 성에 관한 올바른 정보를 알 수 있었던 회기였다.

슈퍼바이저

- 참여자들이 노년의 성생활을 통해서 젊었을 때와 다른 점을 비교하면서 많은 것을 느낀 회기였던 것 같습니다. 프로그램에 참여자뿐 아니라 이러한 부분들을 외부 성교육 때 모두가 공감할 수 있도록 표면화 하는 작업이 진행되어 지역사회에 긍정적인 영향을 주었으면 좋겠습니다.
- 기라성 5회기 프로그램부터 심도 있는 노인 전문 성 리더 양성 프로그램 도입이 시작됐습니다. 집단이 프로그램 방향을 잘 흡수하고, 참여할 수 있도록 담당자와 강사와의 긴밀한 업무 협조 및 회의를 잘 진행하여 유종의 미를 거둘 수 있는 기라성 프로그램이 되었으면 합니다.

차기계획

- 부부 성생활을 통해 본 노년기 성에 대한 오해와 편견 버리기

골든 벨을 울려라!

1. 오르가슴을 느낄 줄 아는 여자는 출산 후나 중년 이후에도 요실금이 잘 안 생긴다.

2. 발기 부전의 가장 많은 원인은 동맥경화, 당뇨, 흡연 등으로 인한 음경동맥으로 혈류량의 부족 때문이다.

3. 비아그라는 반드시 전문의로부터 안전에 대해 확진 받고 나서 처방받아야 하는 약품이다.

4. 조루증 치료에 가장 효과적인 방법은 음경배부 신경절단술이다.

5. 후천성 면역 결핍증 바이러스(에이즈, AIDS)는 혈액 및 성교를 통해서 전파되지만 환자의 침이나 공기, 몸을 통해서 전파가 가능하기 때문에 에이즈 환자와 같이 지내는 것은 위험하다.

6. 음경의 길이와 굵기는 성교 시 만족도에 있어 중요하다.

7. 코가 큰 남자는 음경이 크다.

8. 마른 남자는 음경이 크게, 비만한 남자는 음경이 작게 보이는 경향이 있다.

9. 꼭 끼는 팬티나 청바지를 즐겨 입으면 정자 수가 감소하는 등 성기능 발달에 악영향을 미칠 수 있다.

10. 털이 많은 사람이나 대머리인 사람이 정력이 세다.

11. 자위행위는 건강에 해롭다.

1. **답** ○

   해설 | 오르가슴 시에는 질 입구와 그 주변을 둘러싼 외음부 근육이 0.8초 주기로 불수의적인 수축을 하게 되는데 이런 이유로 오르가슴을 느낄 줄 아는 여자는 질과 외음부 근육이 발달하여 출산 후 이 근육들의 약화로 발생하게 되는 요실금을 거의 경험하지 않게 된다.

2. **답** ✕

   해설 | 발기 부전의 가장 많은 원인은 심리적인 것이고 기질적인 원인은 훨씬 적다.

3. **답** ○

   해설 | 비아그라는 혈압을 감소시키고, 두통, 소화장애, 메스꺼움, 안면 홍조 등의 부작용을 일으킬 수 있으며, 드물지만 습사를 하는 경우도 있다. 그렇기 때문에 전문의의 처방을 받아야 한다.

4. **답** ✕

   해설 | 먼저 조루반사 복원을 위한 특수요법(짜주기 기술, 정지–시작법)을 해보는 것이 바람직하며 이 경우 상당수에 효과가 있고, 이후 약물과 상담의 도움을 받을 수 있다. 그렇게 하고서도 치료가 충분치 않을 시 수술을 시행하는 것이 바람직하다.

5. **답** ✕

   해설 | 에이즈 바이러스는 혈액, 성교(항문 및 생식기), 그리고 태반을 통해서 전염된다. 하지만 환자의 침이나 분비물을 통해 전염된다는 증거는 없고, 공기나 몸을 통한 전염도 알려지지 않았다. 따라서 에이즈에 걸렸다는 이유만으로 같은 방을 사용하거나 직장, 학업을 유지하지 못할 이유는 없다.

6. **답** ✕

   해설 | 지나치게 작지만 않으면 여자의 질이 음경의 크기에 맞게 신축하기 때문에 성교 시 만족도에 크게 영향을 끼치지 않는다.

7. **답** ✕

   해설 | 코와 음경, 입과 대음순 및 질과의 상관관계는 없다. 이는 아마도 서양 사람들을 보고서 나오는 잘못된 편견인 듯하다.

8. **답** ○

   해설 | 비만한 사람은 지방이 많은데, 지방세포에서 남성호르몬이 여성 호르몬인 에스트로겐이 변화되기 때문에 음경의 발달이 약할 수 있으며, 아울러 하복부의 지방축적으로 인해 상대적으로 음경이 들어가서 더 작게 보이기도 한다. 하지만 마른 남자는 지방세포의 여성호르몬 분비가 거의 없고, 하복부에 지방축적이 없어 원래의 크기로 보일 수 있다.

9. **답** ○

   해설 | 고환은 체온보다 2~3도 낮은 상태에서 정자를 생산할 수 있고, 그런 까닭에 신체 밖으로 나와 있는 것이다. 음낭의 주름은 자동차의 라디에이터처럼 날씨가 더울 때는 늘어져서 온도를 낮추고, 추울 때는 쪼그라들어서 온도를 올리는 역할을 하고 있다. 따라서 꼭 끼는 팬티나 청바지는 고환의 온도를 올림으로써 정자의 생산에 악영향을 미칠 수 있다. 현대인은 100여 년 전 사람들보다 정자수가 반으로 줄었는데 그 이유로 환경오염과 꼭 끼는 팬티 및 청바지가 유력하게 거론되고 있다.

10. **답** ✕

    해설 | 털과 대머리는 유전과 호르몬의 영향을 받는데 정력과는 크게 상관이 없다. 성교를 많이 하는 사람은 성에 대한 바른 이해에서 비롯되며 모력에 따라 성교 시 자신과 상대방이 쾌감과 만족을 느낄 수 있게 성교가 가능하다.

11. **답** ✕

    해설 | 자위행위는 성적 욕구를 해결할 수 없는 상황에서 정상적으로 해소할 수 있는 방법이며 자위행위를 하는 것은 지극히 정상적인 활동이다. 다만 지나치게 강박적으로 많이 하는 자위행위(하루에도 수차례씩 하는 경우)와 부부간의 성생활 보다 자위행위가 성교보다 훨씬 비중을 많이 차지하는 경우는 비정상이라고 할 수 있다.

부부교감 테스트

1. 첫키스 장소는?

2. 우리 부부의 신혼 여행지는?

3. 우리 부부가 처음 부부싸움을 한 사건은?

4. 내 배우자가 나에게 해주었던 프로포즈는 무엇이었나요?

5. 우리 부부의 결혼기념일은?

6. 배우자의 생일은?(음력과 양력을 구분해 작성해주세요)

7. 첫 아이를 낳은 산부인과 이름은?

8. 내 배우자와 처음 손을 잡은 장소는?

사용방법
- 워크지를 통해 배우자와 얼마나 많은 교감을 이루며 사는지 테스트 해보는 시간을 갖는다.
- 부부끼리 마주보고 앉아있게 한 후, 스케치북과 펜을 나눠준다.
- 진행자가 내는 문제를 스케치북에 정답을 적어 작성한 뒤, 부부가 동시에 들어 맞춘 팀에게는 상품을 주는 방식의 게임이다.
- 평소에 배우자와 관련된 기억, 추억들이 얼마나 많은지를 알아볼 수 있는 시간이 된다.
- 정답을 많이 맞춘 팀은 부부교감이 잘 형성된 커플, 또 많이 못 맞춘 팀에게는 평소에 관심을 많이 가져 달라는 의미를 부여하고 긍정적으로 마무리한다.

애정표현 like or hate?

1. 내가 좋아하는 애정표현은?

나는 남편/아내로부터 _______________ 때 애정표현을 받고 싶다.

나는 남편/아내로부터 _______________ 때 애정표현을 받고 싶다.

2. 내가 싫어하는 애정표현은?

나는 남편/아내로부터 _______________ 때 애정표현을 받기 싫다.

나는 남편/아내로부터 _______________ 때 애정표현을 받기 싫다.

3. 남편/아내가 좋아하는 애정표현은?

4. 남편/아내가 싫어하는 애정표현은?

6

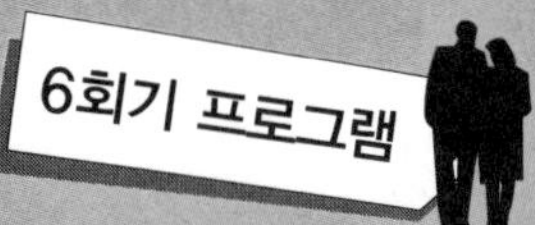

노년기 성의
재인식 Ⅱ

활동목표	1. 부부간의 노년기 성생활에 대해 함께 나눔으로써 서로를 이해할 수 있는 시간을 가진다. 2. 남녀의 차이점을 인정한다. 3. 건전한 노년의 부부 성생활을 통해 자아존중감을 높인다. 4. 노년의 성에 대한 오해와 편견을 버린다.
회 기	6회기(100분)
준비물	스케치북, 매직펜, 활동 워크지, 스티커, 필기도구
한 발짝 다가서기	■ 젊었을 때와 현재 노년이 된 후 성에 대한 중요성 비교를 통해서 진정한 노년의 성에 대해서 생각할 수 있도록 한다. ■ 노년의 성은 심리적이고, 정서적인 부분이 매우 크므로, 의사소통 방법에 대해 남녀 참여자들이 차이점을 이해할 수 있도록 역할극을 진행해본다. ■ 노년의 성생활은 건강하다는 증거이며, 규칙적인 성생활은 생활만족도와 건강을 유지하는 비결이다. ■ 노년의 신체적인 변화로 성생활에 대한 어려움이 있다면 윤활제를 사용하거나, 병원에 비뇨외과에 상담을 받는 등 다양한 방법들을 알려준다.

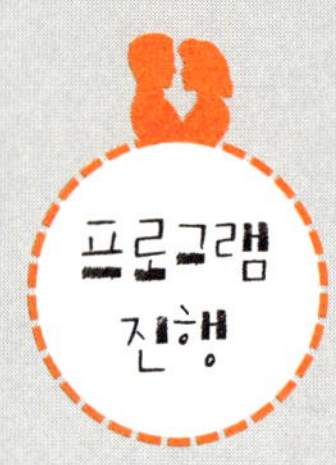

활동과정	활동내용	시간(분)
도입	1) 60대 이후 부부의 성생활에 대해 자유롭게 나눌 수 있도록 한다. 2) 노년의 성생활에서 '가장 중요한 부분은 무엇일까?'라는 주제를 나눈다. 3) 활동 워크지에 대한 설명을 진행한다.	15분
전개	1) 성감대, 남녀의 성생활 차이점, 전립선염 주요 증상 및 예방 방법에 대한 강의를 듣는다. (20분) 2) 젊었을 때와 노년이 된 후 성생활에 대한 각자의 생각을 이야기한다. (20분) 3) 부부간의 노년의 성에 대한 이야기를 공유한다. (35분) · 상대 배우자의 성감대에 대해서 알아보기 · 워크지를 통해서 상대 배우자의 성감대에 스티커 붙이기 · 남녀의 차이점에 대해서 토론하기	75분
마무리	1) 남녀의 표현 방식의 다름에 따른 차이점을 인정할 수 있도록 정리한다. 2) 향후 아름다운 노후 생활을 위한 부부생활 원칙 '이것만은 지금부터 하자'라는 과제를 부여한다.	10분

01 | 도입단계(15분)

1) 노년기 부부 성생활에 대해서 이야기한다.

2) 노년기 성생활에서 '가장 중요한 부분은 무엇일까?'라는 주제를 던진다.

3) 성감대는 어느 곳일까요? 프로그램 활동 워크지에 대해 설명한다.

02 | 전개단계(75분)

1) 성감대, 남녀의 차이점, 전립선염 주요 증상 및 예방방법에 대한 강의를 듣는다.

2) 젊었을 때와 노년이 된 후 성생활에 대한 생각에 대해서 이야기한다.

3) 부부간의 노년의 성에 대한 이야기를 공유한다.

4) 부부간 성감대에 대해서 알아본다.

  • 워크지를 통해서 서로 생각하는 상대방의 성감대에 스티커를 붙인다.

5) 남녀의 차이점에 대해서 토론한다.

노년기 성의 재인식 두 번째 시간

• 노년기 성의 재인식 두 번째 시간으로서 부부 생활에 대해서 거리낌 없이 이야기할 수 있는 분위기를 형성할 수 있다.

• 회기가 거듭될수록 성에 대해서 스스럼없이 자유롭게 이야기하고 토론할 수 있기 때문에 성관계 횟수, 성감대, 자위행위에 대해서 솔직하게 이야기하고, 노년기의 올바른 성생활에 대해서 이야기하는 시간을 가진다.

노년기 부부 성생활에 대해 이야기 해보세요.

▨ 하나. 60세 이후 우리 부부의 성관계 시간은 어느 정도라고 생각하시나요?

  ⚥남자 1:　1회에 40분 이상!

  ⚥여자 1:　그걸 어떻게 말해요.

  ⚥남자 2:　여자들은 다 내숭이야!

  ⚥남자 3:　60세 이후 25분 정도 하는데….

  ⚥남자 4:　우린 20분 정도?

  ⚥남자 5:　저쪽 집은 40분이고, 우리는 20분 정도네. 남자들은 늙어서도 성관계를 하고 싶어 하는데, 부인들이 따라 주지 않는다. 여자들이 거의 안 하는 이유가 무엇인지? 남자는 외로워.

  ⚥여자 2:　우리는 폐경 이후, 몸의 변화가 많이 와. 그래서 질 윤활도 잘 되지 않고 아픈 게 많은데, 남자들은 그런 부분을 잘 몰라. 우린 육체적으로 하는 성관계뿐만 아니라 정서적으로 관심 가져주고 예뻐해주고, 사랑해주는 그런 남편들이 되었으면 좋겠네.

▨ 둘. 우리 배우자의 성감대 부분은 어떤 곳일까요?

  ⚥여자 1:　성감대 부분이 어디인지 거기서 요점을 말해줘야지. 상수도냐 하수도냐?

  ⚥남자 1:　하나만 쓰남? 많은데 다 써야지.

  ⚥남자 1/⚥여자 1: 질.

  ⚥남자 1:　질이라고 썼는데, 다른 생각을 가지신 분 손 들어주세요. 이게 왜 그러냐면 여자들은 질을 좋아하는 것 같아!

  ⚥남자 2:　40년 동안 살았을 땐 알았는데, 50년째 살다보니 이제 모르겠어요.

  ⚥남자 3/⚥여자 3: 가슴.

  ⚥여자 4:　아무래도 나이를 먹으면 신체 변화가 생기기 때문에 어려움이 있는데 극복하기 위해서 서로가 서로를 아낀다고 해야 되나? 마음에서 우러나야 성이고 뭐든 동화가 되는 거라고 생각하거든요. 앞에서 남자들은 원하는데 여자들이 원치 않는다고 말씀하셨는데, 여기서 여자들에게는 마음의 준비가 충분히 이

루어지지 않는 상태에서 남자들이 무조건 하자고 해서 그런 것 같아요. 무엇보다도 마음이 서로 편한 상태가 되어야 하니깐요. 성감대라고 꼭 유방만 그런 것이 아니고 모든 몸의 부위가 성감대라고 생각해요. 노인의 경우 젊었을 때는 저절로 되지만 나이를 먹으면 모든 것들이 힘들어 지니깐 마음이라도 서로 같이 하다 보면…. 또 이러다가 보면 서로 젊었을 때처럼 그런 성적인 매력이 나오지 않을까 싶어요. 이건 부부가 쌍방으로 준비해야 하며, 정서적인 부분과 대화의 중요성을 말하고 싶네요. 서로 아껴주고, 마음이 생기다 보면 다 해소되고 성적인 것도 다 이룰 수 있다고 생각해요. 이런 부분들을 남성분들이 알아줬으면 좋겠어요.

♀여자 5: 남자들은 별것 아니라고 생각하기 때문에 관심을 잘 안 가지는 것 같아요. 사실 여자들은 말 한마디에 반응하고, 마음이 여리거든요. 감성이 풍부하니깐요.

▨ 셋. 노년 남성분들 중 전립선염을 앓고 계신 분들이 많다고 합니다. 전립선염 환자는 자위행위를 하지 말아야 할까요? 아니면 자위를 해도 괜찮은지 어떻게 생각하시나요?

♂남자 1: 부인에게 자위를 도와달라고 하면 여성들은 거부감을 가져요.

♂남자 2: 부인이 있는데 왜 자위를 해야 하는지?

♀여자 1: 젊었을 때는 자위행위를 안 좋게 보았다. 내가 있는데 왜 자위를 해야 하나? "나를 무시 하나"라는 느낌이었지만, 이제는 노년이 돼서 그런지 내가 성관계를 잘 못 해주니깐 자위행위를 해서 배출할 수 있도록 도와줘요.

Talk Talk!

성감대

여자는 성감대가 유방이라고 생각하지만, 포르노나 영화에서는 여성을 상업적으로 이용해 시각적인 효과로서 가슴을 부각하고 있어요. 여성마다 각자 성감대가 다릅니다. 어떤 사람은 성감대가 귀에 있고, 어떤 사람은 갈비뼈, 등, 엉덩이 등에 있습니다. 몇몇 답에서 질도 많이 차지하였는데요. 여성들은 갱년기 이후 자궁은 서서히 수축됩니다.

질은 성감대로서 느끼기보다는 오히려 빠른 삽입일 경우는 고통을 느끼게 되요. 영화 〈마더〉에서 주인공이 딸의 성관계를 우연히 보게 되고, 그때 자신의 성도 살아 있다는 느낌을 받고 젊은 남자와 성관계를 가집니다. 젊은 남자는 충분히 여자의 몸을 애무해주고 삽입을 하니 여자의 고통은 경감되고, 정서적으로 사랑받고 있다는 생각이 든다는 것을 느낄 수 있는 것입니다. 여성은 갱년기가 되면 질 수축으로 인한 고통 때문에 성생활을 하기를 거부하는 경우도 있다고 합니다. 하지만 남성은 남녀의 생리적인 차이를 전혀 알려고 하지 않고, "아내가 늙으니깐 거부하네. 성생활을 만족하지 못하나, 다른 남자가 생겼나, 내 모든 게 싫어졌나" 이렇게 극단적으로 생각하는 경우도 있습니다. 이처럼 남성과 여성은 서로의 입장에서 생각해야 합니다. 오늘 프로그램은 이런 이야기를 충분히 나눌 수 있는 자리가 되었으면 합니다.

남녀의 차이점 인정

여성들은 성을 솔직하게 이야기 하는 것이 쉽지 않습니다. 남성들은 일상생활은 아니지만 친구끼리 모이면 성에 대해서 이야기하거나 아무 부끄러움 없이 자유롭게 잘 말합니다. 하지만 여성들은 가부장적인 사회를 살면서 개방적인 성에 대해서 이야기해본 적이 없습니다. 사회문화적 성격에 따른 남녀의 성 접근에 대한 사회적인 부분도 이해가 필요합니다.

전립선염 주요 증상 및 예방 방법*

1. 만성전립선염이란?

만성전립선염은 성인 남성 3명 중에 1명 정도가 이 병으로 고생할 정도로 흔한 질환으로, 생명을 위협할 정도의 질병은 아니지만 쉽게 치료되지 않기 때문에 일반적인 전립선염의 증상 이외에도 우울증, 스트레스성 신경쇠약증 등으로 삶의 의욕을 떨어뜨리는 지긋지긋한 질

환입니다. 한마디로 남성을 시들게 하는 병이라고 할 수 있습니다. 특히 특별한 증상이 없을 때에는 잘 모르고 지내다가 과음, 스트레스, 과로, 과격한 성생활, 차를 오래 타거나 날씨가 나쁠 때 마치 요도염에 걸린 것 같은 증상으로 나타나는 경우가 많습니다.

2. 전립선염의 증상

전립선의 위치 및 기능상 전립선에 염증이 생기면 배뇨 및 성기능과 관련된 증상이 나타나며 그 외에도 통증과 관련된 증상들이 나타난다.

- **통증과 관련된 증상**
  회음부통, 요통·둔부통, 음경통, 하복부통, 고환통 등

- **배뇨와 관련된 증상**
  - 소변을 자주 본다.
  - 소변을 본 다음에도 뒤끝이 시원치 않다.
  - 소변줄기가 가늘다.
  - 소변이 마렵기 시작하면 참기 힘들다.
  - 소변줄기가 갈라져 나온다.
  - 소변이 바로 나오지 않는다.
  - 소변 볼 때 아프다.
  - 밤에 소변을 자주 본다.

- **성기능과 관련된 증상**
  성욕 감퇴, 사정 시 통증, 정액량 감소, 발기력 저하, 조루, 피가 섞인 정액, 불임 등

- **기타 관련 증후군**
  - 만성 피로를 느낀다.
  - 먹으면 잘 체하고 속이 더부룩하다.
  - 대변을 보아도 시원하지 않다.
  - 허리나 무릎 관절이 쑤시고 힘이 없다.
  - 자주 어깨가 결리고 뒷목이 뻣뻣하다.
  - 감기몸살처럼 전신이 으슬으슬 아프다.
  - 손발 특히 발이 차며 추위를 잘 탄다.
  - 비염이나 축농증이 자주 재발하며 알러지성 비염이 있다.
  - 항문과 사타구니 주위가 습하고 차며 가려움증이 잘 생긴다.

- 장시간 앉아서 일하는 분

  오래 앉아 있으면 전립선이 압박을 받아 피가 잘 통하지 않게 되고, 또 요도 내 압력이 높아져 소변이 전립선으로 역류하면서 염증을 일으킬 가능성이 높아지기 때문이다.

- 소변을 오래 참는 습관을 가진 분

  오랫동안 참았다가 아랫배에 갑자기 힘을 줘서 소변을 볼 때 요도 내의 압력이 증가, 전립선으로 소변이 역류할 수 있기 때문이다.

- 신경이 예민한 사람이나 과도한 스트레스를 받는 분

  자신도 모르게 항상 긴장을 하고 있어 전립선 주위 근육이 긴장되고 전립선의 내압도 높아지기 때문이다.

- 과도한 성생활을 하시는 분

  지나친 성생활은 전립선을 심하게 자극하게 되어 기능이 약해지고 염증이 생길 수 있다.

- 바지 뒷주머니에 지갑 등의 물건을 넣고 다니는 분

  한쪽으로만 힘이 편중되어 둔부 및 회음부를 압박하여 통증을 일으킬 수 있다.

- 성행위 시 사정을 억지로 참거나 중단하는 분

  정낭과 전립선 등이 충혈되며, 분비물이 빠져나오지 못하기 때문에 염증 등이 생길 수 있다.

- 승마, 자전거를 즐기는 분

  전립선의 충혈을 지속시켜 전립선염을 일으킬 수 있다.

- 꽉 조이는 하의를 자주 입는 분

  기혈의 소통이 잘 안되고 습열을 조장할 수 있다.

- 과로하는 분

  인체 내의 면역기능을 저하시켜 전립선염을 잘 일으킬 수 있다.

4. 치료

전립선은 구조상 약물침투가 잘 이뤄지지 않아 치료에 어려움이 있다.

- 약물치료

  항염증 작용을 하며 전립선의 울혈을 풀어주고, 약해진 기혈을 보해주는(부정거사법)

효능이 있다.

- **침구치료**

  울체된 기혈을 소통시키기 위해 곡골, 관원, 태충, 삼음교 등에 침을 놓고 약하게 양기를 보하기 위해 기해, 관원 등에 뜸치료법도 병행된다.

- **좌훈요법**

  조각자, 고삼, 애엽 등의 한방약재를 이용한 것으로 전립선 부위에 좌훈을 실시함으로써 전립선의 혈액순환을 촉진시켜주는 효과가 있다.

- **관장요법**

  전립선에 염증이 아주 심한 경우에 실시하는 치료법으로 토복령, 사설초 등을 달인 후 정제된 약물로 관장하는 것이다.

5. 전립선염의 자가 치료법 및 예방법

- 온수좌욕 요법으로 아침 저녁으로 37~40도 정도의 따뜻한 물을 용기에 받아 배꼽까지 20~30분씩 담그고, 회음부 주위를 마사지 한다.
- 혈액순환 개선과 하체를 단련시키기 위해 아침에 30분 정도의 산책, 등산, 조깅, 체조 등의 운동이 좋다.
- 규칙적이고 정상적인 성생활은 전립선에 피가 뭉치는 것을 방지해 준다.
- 증상을 악화시키는 자극성 있는 음식이나 술, 커피, 담배 등은 피하는 게 좋다. 커피는 이뇨작용을 촉진하여 전립선의 기능을 감퇴시키고, 담배는 인체의 기를 소모시키고 혈액순환을 방해하며, 음주는 전립선을 자극하여 충혈을 조장한다.
- 과로나 자전거, 오토바이, 승마 등과 같이 전립선을 직접 자극시키거나 충혈을 일으킬 수 있는 것은 피하는 것이 바람직하다.
- 의자에 오래 앉는 것을 피하고, 규칙적인 활동을 통해 전립선이 위치한 회음부의 압박을 풀어야 한다. 사무직이나 운전사들도 1시간이나 1시간 30분마다 최소한 1분 내외로 움직이거나 가벼운 체조로 몸의 긴장을 푸는 것이 좋다.
- 소변을 오래 참지 말고, 충분한 수분을 섭취해야 한다.
- 대변을 보는 습관을 규칙적으로 하고(아침식사 후에 보는 것이 좋다), 화장실에서 신문이나 책을 보며 장시간 앉아있는 것은 좋지 않다.
- 바지 뒷주머니에 지갑 등을 넣고 다니거나 꽉 조이는 하의는 입지 않는 것이 좋다.

* 대전대학교 대전한방병원 건강정보 http://djudj.or.kr/health/column.php.

03 | 마무리단계(10분)

1) 남녀의 표현 방식이 다름에 차이를 인정하고, 앞으로 서로에 대해서 생각할 수 있도록
   정리한다.
2) 노년의 성에 대한 공유를 통해 신체적 부분과 심리적인 부분 모두 중요함을 인지하고,
   앞으로 행복한 노후생활을 보낼 수 있는 방법에 대해서 이야기한다.

클라이언트

- 노년의 성교육에 필요한 교육이었고, 도움이 많이 되었다.
- 성에 대한 마음속 감정들을 이야기 할 수 있어서 시원하다.
- 이러한 교육을 통해 노년기 성생활을 공감할 수 있었고, 앞으로 행복하고 여유 있는 삶에 보탬이 될 것 같다.
- 잘 몰랐던 문제들에 대해 같이 해결할 수 있어서 기분이 좋다.

워커

- 노년의 성 인식 두 번째 시간으로 진행됐던 올바른 성 지식과 부부 성생활에 대해 다시 이야기 해보는 시간이었다. 노년이 되어서 변화되는 감정들, 신체적인 변화 등 어르신들이 생각하는 부분을 잘 정리하여, 노년의 성에 대한 중요성과 노년의 긍정적인 성 인식 제고를 위한 다양한 방법들을 외부 성교육 진행 시 노인 전문 성 리더로서 강의를 할 수 있도록 자조모임을 만들어야겠다.

강사

- 몇몇 참여자들만이 토론에 참가하여 아쉬움이 많이 남는 회기였다. 특히 여성 참여자들은 한두 명만을 제외하고는 토론에 적극적으로 참여하지 않고, 스케치북에 적는 것도 소극적으로 보이는 모습을 보였다. 앞으로 여성 어르신들이 수업에 자연스럽게 적극적으로 참여할 수 있도록 강의를 진행해야겠다.

슈퍼바이저

- 남성이 생각하는 노년의 성/여성이 생각하는 노년의 성에 대해 서로의 의견을 말하고 토론하는 장이 된 것 같습니다. 수업 시간에 따라 강의실을 나눠서 남녀 참여자들을 나눠서 수업을 진행하여도 좋을 것 같습니다. 남녀 생각의 차이는 큽니다. 성별에 맞는 노년의 성에 대한 지식 습득과 이들이 풀어나가야 할 부분들이 더 많다고 생각됩니다.

차기계획

- 노년기의 올바른 성 지식과 성병에 관해 교육 진행하기

성감대는 어느 곳일까요?

스티커를 붙여주세요.

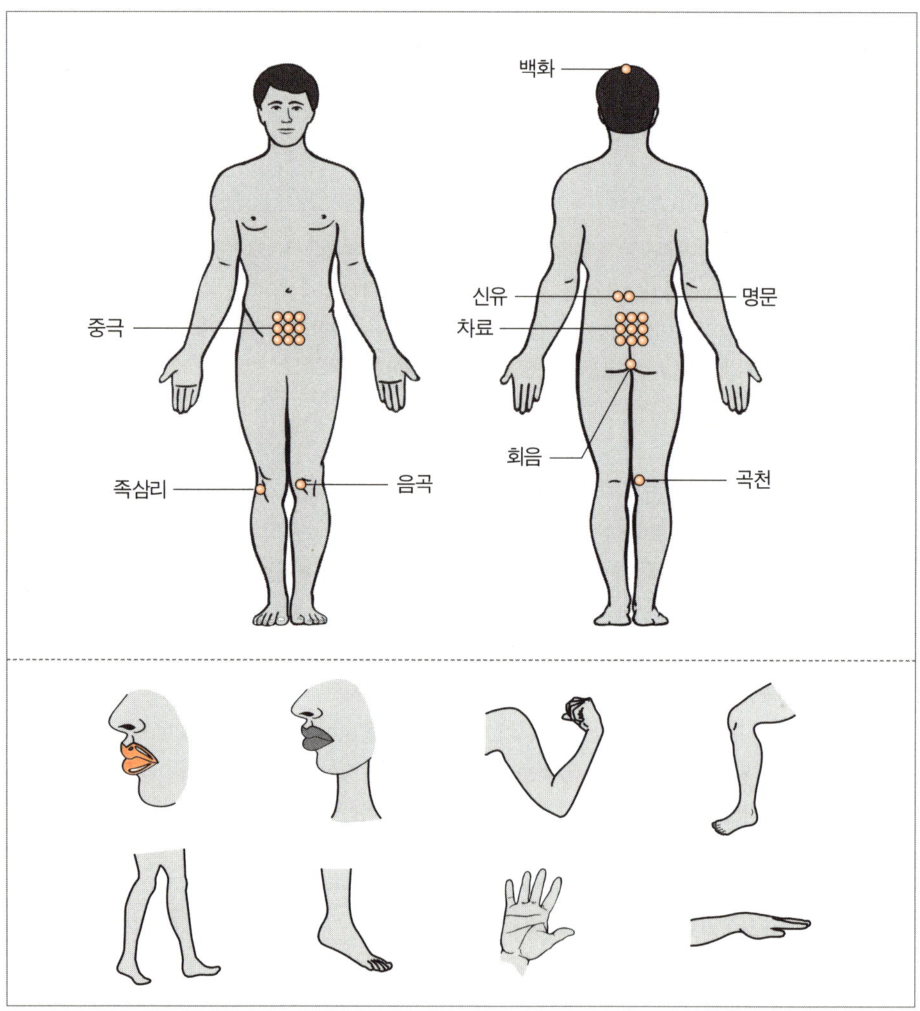

사용방법
- 참여자들에게 하트 모양의 스티커와 워크지를 나눠준다.
  [그림 설명] 신체 부위 중 상대 배우자의 성감대라고 생각되는 부분에 스티커를 붙인다. 입술, 목, 팔꿈치, 무릎, 다리, 발목, 손가락, 손 등 다양한 신체 부위 중 상대 배우자의 성감대라고 생각되는 부분에 스티커를 붙일 수 있도록 설명한다.
  1. 내가 생각하는 남편의 성감대에 스티커를 붙여주세요.
  2. 내가 생각하는 부인의 성감대에 스티커를 붙여주세요.
  3. 상대방에게 스티커를 붙인 그림을 보여주고, 서로 이야기를 나눈다.

노년기 성에 대한 과학적 지식

활동목표	1. 노년기의 올바른 성 지식과 성병에 대한 지식을 습득한다. 2. 노년기의 올바른 성 지식과 성병에 대한 지식을 통해 노년의 성을 이해할 수 있다.
회 기	7회기(95분)
준비물	스케치북, 매직펜, 활동 워크지, 필기도구, 요가매트 2개
한 발짝 다가서기	■ 전문 성 리더 양성 프로그램이 중반 이상 진행됐기 때문에 노년의 성에 대한 인식, 노년의 성 중요성, 리더로서의 역할 인식을 체크해야 한다. 　☞ 전문 성 리더로서의 역할 인식을 강압적으로 이뤄지게 되면 참여자들이 부담감을 가질 수 있기 때문에 프로그램에 참여를 저해하는 요소가 된다. 이는 프로그램에 참여를 자연스럽게 유도함으로써 다양한 동기요인 및 자극을 주어야 한다. 외부 활동 및 워크숍 진행을 통해서 리더십 강화 등 동기요인과 자극될 수 있는 활동을 중심으로 계획한다. ■ 남녀가 인식하는 노인의 성 인식에 대해 세밀하게 진행하기 위해서는 남녀 그룹으로 나눠 토의를 진행하는 것이 좋다. ■ 성병과 관련된 용어 정리집을 만든다. 참여자들의 이해를 돕기 위해 성병 관련 용어들은 노－노 눈높이에 알맞은 언어를 선택하여 정리한다.

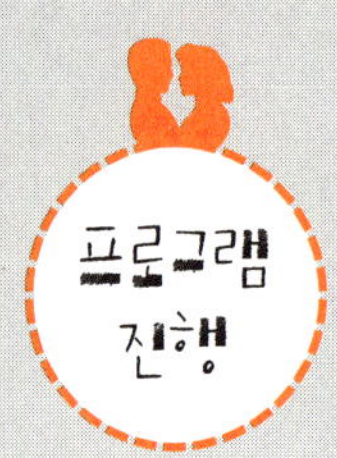

활동과정	활동내용	시간(분)
도입	1) 노년기의 성 지식과 성병에 대한 오해에 대해서 이야기한다. 2) 노년기의 올바른 성 지식과 성병에 대한 지식을 알아본다.	15분
전개	1) 노년기의 올바른 성 지식을 확립하기 위해 성병에 대해 강의를 진행한다. (15분) 2) 성병 바로 알기 퀴즈를 진행한다. (20분) · 총15문항으로 성병 바로 알기 OX 퀴즈를 풀어보는 시간을 통해 성병에 대한 올바른 지식을 습득하기 3) 부부 성생활 원칙에 대해서 알아본다. (20분) 4) 마사지 시간을 갖는다. (15분) · 부부 2팀에게 집에서도 할 수 있는 마사지 실습을 부여하기 · 매트 위에 부인을 눕히고, 발끝부터 종아리 다리와 팔을 약 강도로 마사지하기 · 전체적으로 마사지를 하고 나서, 남편이 5분 정도 옆에 누워 있는 시간을 가져 서로 교감하는 시간 갖기 · 서로 바꿔가면서 마사지를 진행하기	70분
마무리	1) 성병에 대한 오해와 편견에 대해서 정리한다. 2) 마사지 전후 비교를 통해서 긴장감을 해소한다. 3) 오늘 배운 부부 성생활 원칙을 집에 가서 실천할 수 있도록 과제를 부여한다.	10분

01 | 도입단계(15분)

1) 노년기의 성 지식과 성병에 대한 오해에 대해서 이야기한다.
2) 노년기의 올바른 성 지식과 성병에 대한 지식을 공유한다.

02 | 전개단계(70분)

1) 노년기의 올바른 성 지식 바로 알기

대표적인 성병인 임균성요도염(임질)에 대한 증상, 치료방법에 대해서 배운다.

2) 성병 바로 알기 퀴즈

총 15문항으로 구성된 성병 바로 알기 퀴즈를 통해서 성병에 대한 올바른 지식을 습득한다.

3) 부부 성생활 원칙에 대해서 알아보기

4) 부부 마사지 실습

(1) 마사지를 통해서 서로 교감하고, 사랑을 나누는 방법을 배운다.
(2) 부인이 먼저 매트 위에 눕고, 남편이 부인의 발끝부터 종아리, 다리, 팔을 약 강도로 마사지하도록 유도한다.
(3) 전체적인 마사지 후, 남편이 부인 옆에 눕도록 유도한다.
(4) 서로의 교감을 느낄 수 있도록 가벼운 스킨십을 유도한다.

노인의 건강한 성생활

- 자연스러운 성으로 인식한다.
- 노인들 스스로가 먼저 자신의 성활동에 대해서 긍정적이고 개방적인 자세로의 전환이 필요하다.
- 성 욕구에 대한 적당한 표현과 적절한 해소가 노년기의 신체적/정신적 건강에 도움이 된다.
- 남성/여성 노인들이 신체적으로 변화되는 것에 서로 솔직하게 자신의 감정을 밝히고 횟수나 정도에 대한 중간의 접점을 찾아서 노년의 건강한 성생활을 누릴 수 있도록 한다.

성병 예방

1. 청결한 생활습관을 가진다.
2. 성병에 걸릴 위험이 높은 사람과의 성 접촉을 피한다.
3. 건전하고 바람직한 성의식 및 성생활 태도가 중요하다.

성병 중 가장 대표적인 임균성요도염(임질)이 생기는 이유, 증상, 치료에 대해서 알아본다. *

임균성요도염(임질)이란?

임균성요도염은 매우 오래된 성병으로 임질균에 의한 요도 감염을 뜻합니다.

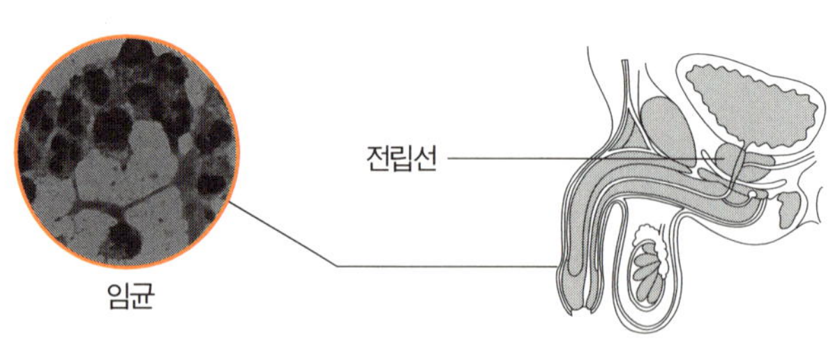

1. 임균성요도염은 왜 생기나요?

임질균이라는 세균 감염이 원인으로 성적 접촉에 의해 전염됩니다. 경구 감염이나 항문을 통해 감염될 수도 있으며, 잠복기는 2~3일로 증상의 발현이 매우 빠릅니다.

2. 임균성요도염에 감염되면 어떤 증상이 있나요?

임균성요도염은 성적 접촉을 가진 후 수일 만에 나타납니다. 흔히 요도의 가려움증, 빈뇨, 따끔따끔한 배뇨통 등이 나타나고, 며칠 후 노란 요도 분비물이 나옵니다.

여성의 경우에는 증상이 없는 경우도 있으나, 이로 이내 골반염 등의 합병증이 오기 쉽고, 이로 인한 하복부 통증이 나타날 수 있습니다. 임균성요도염의 합병증으로 난소염, 난관염, 자궁내막염, 불임증이 있을 수 있고, 방광염 등도 있을 수 있습니다.

남성의 경우 임균 보균자와의 성교 후, 2~5일쯤 지나면 외요도구가 빨갛게 헐어서 고름이 나오거나 배뇨 시 요도에 작열감과 격렬한 통증이 일어납니다.

3. 합병증에 의한 증상은 무엇이 있나요?

골반염

하복부 통증과 함께 열삼, 성관계 시 통증 등이 있고, 황록색 냉증이 같이 심할 수 있습니다. 오래 지속되면 난관유착과 골반 유착 등으로 불임, 만성골반통 등 후유증이 남습니다.

바톨린선 낭종, 농양

바톨린선은 질 입구 양측에 위치하여 애액을 분비하는 분비선으로 임질균에 감염뇌면, 염증이 생기고 고름이 생겨, 단단하게 혹처럼 커지고 통증이 생깁니다. 심하지 않으면 약물치료가 가능하지만, 심한 경우 수술로 제거해야 하는 경우도 있습니다.

4. 임균성요도염은 어떻게 치료하나요?

임균성요도염의 치료는 항생제를 적절히 사용하여 완치할 수 있습니다. 충분량을 충분 기간 동안 사용해야 하며 임의 중단이나 남용은 내성을 키우는 결과가 됩니다. 임질 치료는 다른 성인성 질환과 마찬가지로 성 상대자와 함께 치료해야 합니다. 특히 남자파트너가 임질일 경우에는 그 배우자는 아무 증상이 없기 때문에 치료에 비협조적인 경우가 많습니다. 배우자가 치료에 참여하지 않으면 계속해서 임질균의 소스가 되어 핑퐁감염을 일으키는 것입니다. 따라서 남자 임질 환자의 배우자는 증상 여부나 검사결과에 관계없이 무조건 치료에 포함시키는 역학적 치료를 받아야 합니다.

임질 환자의 70%는 대개 순수한 임질균에만 감염되는 것이 아니라 기타 균(클라미디아, 유레아플라스마 등)과 혼합 감염의 형태로 존재하기 때문에 임균은 물론 기타 비임균성요도염의 치료를 병행해야 할 때가 많습니다. 그렇지 않고 임질만 치료하면 임질 치료 후에도 비임균성요도염에 의한 증상이 지속되는데 이것을 임질 후 요도염(PGU)이라고 합니다. 임질의 합병증은 남성의 부고환, 전립선, 정낭 등에 염증을 일으킬 수 있고 요도가 좁아지는 요도 협착이 생기기도 합니다. 여성에겐 직장 항문염, 난관염 및 골반 장기염을 합병할 수 있고 임질균이 혈류를 타고 돌아 다니는 패혈증이 되면 관절염이나 뇌막염을 일으킬 수 있습니다.

* 서울아산병원 http://www.amc.seoul.kr.

03 | 마무리단계(10분)

1) 성병에 대한 오해와 편견에 대해서 정리한다.

2) 마시지 전후 소감을 나눈다.

3) 오늘 배운 부부 성생활 원칙을 집에 돌아가서 실천할 수 있도록 과제를 부여한다.

케겔운동(골반근육운동) 요법*

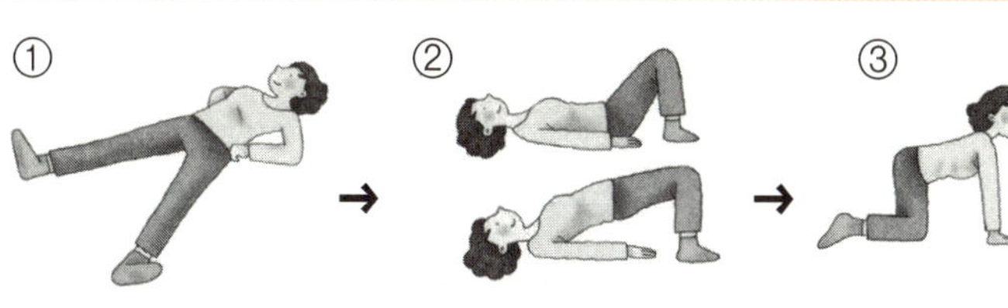

① 양쪽 다리를 어깨 넓이 만큼 벌린 채로 바닥에 똑바로 누워서 아랫배와 엉덩이의 근육을 편안하게 이완시킨 상태로 5초간 골반 저부 근육을 수축시킨다.

② 똑바로 바닥에 누워 무릎을 구부린 상태에서 숨을 들이마신 후 엉덩이를 서서히 들면서 골반근육 수축을 5초간 한다. 이어서 어깨, 등, 엉덩이 순서로 바닥에 내리면서 힘을 뺀다.

③ 양 무릎과 손바닥을 바닥에 댄 후 숨을 들이마시면서 등을 동그랗게 하고 5초간 골반근육을 수축시킨다. 이어서 숨을 내쉬면서 원래 상태로 돌아간다.

④ 엉덩이를 깔고 앉은 상태에서 양 발끝을 바깥쪽으로 향한 후 골반근육을 5초 동안 수축시키면서 양 발끝을 안쪽으로 향하게 한다.

⑤ 다리를 가부좌하고 앉은 자세에서 골반, 항문, 질을 서서히 조여준다.

⑥ 선 채로 양 발꿈치를 붙이고 의자나 탁자를 이용해서 몸의 균형을 잡는다. 이 상태에서 양 뒤꿈치를 들어 골반 근육을 수축시키면서 운동을 한다.

케겔운동의 효과

케겔운동은 남자와 여자 모두에게 꼭 필요한 운동으로 성기 주변의 근육을 단련시켜 튼튼하고 건강하게 그리고 성적인 기능을 향상시킵니다.

특히 여성의 경우, 질구와 질벽을 좁혀줄 뿐 아니라, 성기를 전반적으로 탄력성 있게 만드는 운동입니다. 케겔운동은 성교를 하는 과정에서 여성의 질 내 흥분과 쾌락을 증가시키는 데 큰 도움을 줍니다.

이 운동을 열심히 하게 되면 질 주변의 피부와 근육을 강하고 튼튼하게 만들 수 있을 뿐 아니라, 성교 시 오르가슴에도 쉽게 오를 수 있습니다.

한두 명의 아기를 낳은 여성들의 질 모양을 자세히 관찰하면 질 수축성이 부족한 상태를 발견하게 됩니다. 마치, 오래 입어서 탄력성이 늘어진 팬티의 고무줄과 같은 모습을 보입니다. 부수적인 증상으로 질의 수축성이 없어지면 소변을 참기가 어려워지고 보통 사람보다 자주 소변을 보게 되며, 이러한 증상을 방치하면 나이가 들어 요실금 증상으로 발전되나, 이러한 증상을 가진 여성들도 케겔운동을 하게 되면 탄력성 있는 질의 모양을 되찾을 수 있으며 요실금 현상도 사라집니다.

* 강남여성병원 http://blog.naver.com/agi_smile75?Redirect=Log&logNo=30044390315.

클라이언트

- 성병에 대해 교육 받으면서, 미처 알지 못한 부분에 대해 알게 되어서 좋은 시간을 가졌으며, 소싯적에 받지 못한 성교육을 지금에서야 받아 고맙고, 뿌듯하다. 이제부터라도 그 중요성을 알았으니 남은 여생을 즐겁고 행복하게 보낼 수 있도록 해야겠다.
- 성병에 걸린 성기나 생식기를 이렇게 사진으로 선명하게 본 적이 없다. 시각적인 자료로 성병에 대한 위험에 대해 잘 알릴 수 있으므로, 이런 자료를 만들어서 교육하면 좋겠다.
- 오늘 프로그램에서 배운 내용으로 손자 손녀들에게 직접 성교육을 할 수 있을 것 같아서 교육의 중요성에 대해서 다시 한 번 더 느꼈다.
- 부부 성생활 원칙에 대한 자료를 보면서, 집에 돌아가서 부부가 함께 성에 대해서 이야기하는 시간을 가지고, 실천할 것이다.
- 수업 자료로 준비된 것 이외의 잘못된 상식이나, 내용들을 서로 공유할 수 있어서 앞으로 성 지식에 대해서 공부하고, 강의안을 만들 수 있도록 준비해야 겠다.

워커

- 마사지를 통해서 "이렇게 서로 교감을 느껴 본 적이 없다"고 말씀하셨다. 이렇게 따뜻한 경험을 해본 적은 처음이라 하시면서 만족해하셨다. 이 부부는 처음에 프로그램에 참여할 때 서로 의견이 매우 상반되고 부부 사이가 소원해진 관계였지만 프로그램에 참여한 후, 서로 성에 대해 교감하는 시간이 많아지는 계기로 발전하였다.
- 부부가 함께하는 마사지 시간을 통해 비교적 집중하고 적극적인 모습을 보였지만 이번 회기 또한 성과 관련된 민감한 부분에 대해서는 완강히 거부하였다(펜을 주신다거나 스케치북을 덮어서 바닥에 내려놓음).

강사

- 노인 전문 성 리더 양성 프로그램이 반 이상 진행됐습니다. 현재 어르신들은 노년의 성에 대한 편견이 깨진 상태입니다. 리더들의 편견을 깨는 과정도 참 힘든 과정이었지만, 일반 사람들에게는 아직 낯설고 인지되지 않은 부분이기 때문에 전문 성 리더들의 역할이 중요합니다. 교육을 통해서 공감하고, 생각이 변화된 부분들을 잘 살려, 외부 성교육 진행할 때 팁으로 사용하면 좋을 것 같습니다. 향후 진행되는 프로그램 방향성은 외부 성교육 진행을 위해 다양한 준비를 해야 할 것입니다.

슈퍼바이저

- 지금 시대의 어르신들에게는 성교육이 매우 낯설 것입니다. 그래서 기라성 전문 성 리더 양성 프로그램을 진행할 때도 초기 저항도 많았고, 프로그램 진행 단계마다 새로운 저항도 생긴다고 봅니다. 참여자들의 저항을 프로그램의 마이너스 요소라고만 생각하지 말고, 긍정적인 영향으로 프로그램의 질적인 측면과 방향성을 생각하여 저하 요소들을 잘 숙지하여, 노년의 성을 위한 프로그램으로 거듭나기를 바랍니다.

- "노년기 성에 대한 양성평등에 대한 의미는 무엇인가?"라는 주제를 통해서 남녀 차이를 인정하는 공감과 소통의 장 마련

성병 바로 알기 퀴즈

1. 에이즈를 제외한 모든 성병은 치료가 가능하다.

2. 콘돔은 성병의 전염을 막는 데 도움이 된다.

3. 성병에 감염된 사람이 검사와 치료시기를 늦춘다고 해서 크게 몸에 해롭지 않다.

4. 일반적으로 성교 후 5일 안에 성병 감염이 진행된다.

5. 키스를 통해 성병이 감염될 수 있다.

6. 성병에 걸린 임산부가 치료를 받지 않으면 태아에게 심각한 영향을 미칠 수 있다.

7. 성병은 질이나 음경을 통해서만 침투한다.

8. 한번 임질에 걸려서 치료를 받으면 다시는 임질에 걸리지 않는다.

9. 성병은 건강에 심각한 영향을 미칠 수 있으며, 심지어 죽을 수 있다.

10. 어떤 성병은 여자들이 걸리는 경우 증상 없이 보균자로 지내는 경우가 있다.

11. 폐경기가 되면 여성은 성욕이 현저히 감소된다.

12. 성교의 빈도는 부부관계가 얼마나 좋은가를 알려 주는 지표가 된다.

13. 여성은 생리 중에도 임신이 가능하다.

14. 자궁절제술을 받은 여성은 수술 후 성관계에서 오르가슴을 경험하지 못한다.

15. 남녀가 반드시 동시에 오르가슴에 도달하지 않아도 원만한 성관계를 유지할 수 있다.

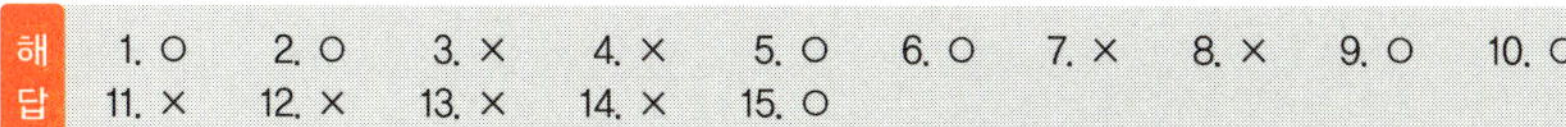

부부 성생활 원칙

- 성관계의 시간은 중요하지 않으므로 남들과 비교하지 않는다.

- 전희를 15분 이상 한다. 실제 성관계 시간은 길지 않게 조절하는 게 좋다.

- 성교 중단법이나 사정 지연법은 몸에 무리가 가므로 피하는 것이 좋다.

- 사정이 없는 애무나 신체 접촉을 자주하는 것이 좋다.

- 여성 상위 자세가 체력 소모를 줄인다.

- 성생활을 자주한다. 60세 이상 노인이 60일 동안 성생활을 하지 않으면 성기능 장애가 발생한다.

- 자위행위를 자주, 공들여 하라. 파트너가 있어도 자위행위는 필요하며, 파트너의 자위행위를 도와주는 것도 좋다.

- 성관계 시간은 밤이나 저녁보다 이른 아침이 좋다.

- 목욕이나 식사 후에는 30분이 지난 다음 성관계를 갖는 것이 좋다.

- 성교 중 어지럽거나, 가슴이 답답하거나, 심장이 심하게 뛰거나, 얼굴이 창백해지면 안정을 취하고 전문의의 진찰을 받아야 한다.

- 심한 운동 직후나 극도의 흥분 상태에서는 성관계를 삼간다.

- 낯선 환경에서는 가능하면 성관계를 피한다.

- 성관계 전후 충분한 수면과 휴식이 필요하며, 특히 성관계 후보다 성관계 전의 휴식이 더 중요하다.

- 다른 사람이 자기의 성기능을 과장되게 말하는 것을 듣고 자신과 비교하지 않는다.

- 평소 적당한 운동을 하라. 운동은 성선자극호르몬과 엔도르핀 분비를 증가시켜 성기능을 활성화한다. 최대 근력의 85% 이상을 사용하는 중량 운동은 남성 호르몬인 테스토스테론 수치를 높여준다는 연구결과도 있다.

- 꾸준히 괄약근을 조여 주는 케겔운동을 반복한다. 남녀 모두의 성기능을 높여준다.

- 성 보조기구나 영상물 등 적당한 성적인 자극을 즐겨라. 나이를 먹으면 신경 감수성이 무뎌져 흥분 전달속도가 저하되므로 성적인 자극이 필요하다.

- 성기능을 높여 준다는 강정제를 지나치게 섭취하지 않는다.

- 성생활 최대의 적은 흡연과 음주다. 성기능을 오래 유지하면서 술, 담배를 멀리하라.

- 충분한 숙면은 필수다. 잠을 잘 자는 것은 성기능뿐 아니라 모든 건강의 기본이다.

자료: 임춘식(2008), 『성은 늙지 않는다』, 동아일보사.

8

노년기 부부생활 '양성평등'

활동목표	1. 양성평등의 개념을 이해하고 양성평등에 대한 지식을 전달한다. 2. 양성평등의 올바른 지식을 통해 노년의 양성평등 의식을 기를 수 있다
회 기	8회기(105분)
준비물	빔프로젝터, 노트북, 스케치북, 매직펜, 활동 워크지, 필기도구
한 발짝 다가서기	■ 성교육 프로그램에서 양성평등에 대한 새로운 주제로 전환된 시점이다. "노년기 성에 대한 양성평등에 대한 의미는 무엇인가?"라는 주제를 통해서 남녀 차이를 인정하고 공감과 소통에 대해 리더들이 인식할 수 있도록 프로그램을 진행한다. ■ 현재 참여자들의 세대에 양성평등에 대한 개념이 명확하게 잡혀 있지 않기 때문에 강사는 토론 진행 시 조정자와 중재자의 역할을 동시에 수행해야 한다. 또한 주제에 벗어난 토론이 진행될 때, 주제를 다시 언급해주어 논점에서 벗어나지 않게 방향성을 잡아 주어야 한다. ■ 토론 진행 시 강사의 진행자 역할이 부족하였다면 프로그램이 끝난 후 강사 면담을 통해 강사에게 프로그램 진행자로서의 역할을 인지시키고, 다음 회기 준비를 잘 할 수 있도록 방향성을 제시해준다. ■ 프로그램 진행이 원활히 되지 않을 경우에는 자조모임을 통해서 주제를 확립시킬 수 있도록 한다. 또한 과제를 통해서 리더들이 이번 회기별에 주제를 숙지하고, 점검할 수 있도록 한다.

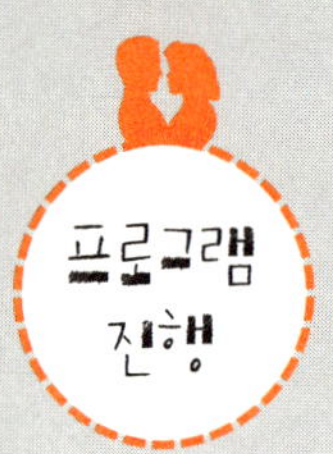

활동과정	활동내용	시간(분)
도입	1) 양성평등이란 무엇인가? 2) 성인지관점은 무엇인가? 3) 노년기의 양성평등은 무엇인가?	15분
전개	1) 양성평등에 관한 프레젠테이션 자료를 시청한다. (10분) 2) 노년의 양성평등에 대해 토론하는 시간을 갖는다. (20분) 3) 신문기사를 읽고, 노년의 양성평등을 위한 실천 방법이 무엇인가에 대한 워크지를 작성한다. (10분) 4) 젠더 체크리스트 작성을 통해서 현재의 나의 위치를 알아본다. (30분) 5) 파트너에게 편지를 쓴다. (10분)	80분
마무리	1) 양성평등에 대해서 올바르게 이해하였는지, 대표자 2~3명이 발표한다. 2) 노년의 양성평등이 필요한 이유와 앞으로 진행할 외부 성교육을 주제로 리더들이 강의안을 만들 수 있도록 준비한다.	10분

01 | 도입단계(15분)

1) 양성평등에 대한 개념을 설명한다.

2) 성인지적 관점에 대해서 설명한다.

3) 노년기의 양성평등에 대해서 이야기한다.

02 | 전개단계(80분)

1) 양성평등에 대한 강의를 듣는다.

☞ 성으로 분류된 남성, 여성이 아니라 각자의 성격, 소질, 능력에 맞게 조화와 협력으로 평등하게 생활하는 것에 대한 양성평등 교육을 진행한다.

☞ 노년의 양성평등 생활을 위해서 실천방법에 대한 부분을 강조하고, 남성과 여성이 서로의 입장을 이해하고 배려하는 것에서부터 출발할 수 있도록 한다.

> **TIP**
>
> **양성평등 실천방법**
>
> 1. 남녀의 고정관념 틀 깨기, 즉 남녀의 역할이 구분되거나 정해진 것이 아님을 인지하기
> 2. 남녀의 생물학적인 성의 기준이 아니라 능력과 적성에 따라 균등한 기회를 제공하며, 모든 일은 남녀 협력해서 일하기
> 3. 각자의 개성과 능력에 맞는 일을 맡아 하기

2) 노년의 양성평등에 대해서 토론한다.

- 남녀 그룹별로 나눠 노년의 양성평등에 대해서 자유롭게 토론한다.
- 남녀 그룹별 대표 1명씩 노년의 양성평등에 대해서 발표한다.

3) 젠더 체크리스트 작성을 통해서 현재 나의 모습을 돌아본다.

4) 젠더 체크리스트를 종합 평가한다.

- 레이더 차트에 표시하여, 나만의 위치를 살펴본다.

5) 강의노트를 통해서 노인의 성, 배우자 이해 및 배려가 우선인 주제에 대해서 이야기한다.

6) 파트너에게 편지를 쓰는 시간을 가진다.

- 노년기 양성평등한 부부생활을 위해서 남편 또는 아내에게 양성평등적인 관점에서 서로에게 바라는 점을 편지로 쓴다.

  ☞ 이는 양성평등 개념을 숙지하고 실천할 수 있는 기회를 제공하며, 노년 부부생활의 삶의 질 향상에 기여할 수 있다.

 **Talk Talk!**

▨ 하나. 남성과 여성에 대한 고정관념 무엇이 있을까요?

- 남성에 대한 고정관념
  - 사내 자식이 쩨쩨하다.
  - 남자가 입이 싸다.
  - 남자가 너무 촐랑거린다.
  - 남자가 속이 좁다.
  - 남자는 눈물 보이는 거 아니다.
  - 부엌에 들어가면 남자 망신이다.

- 여성에 대한 고정관념
  - 여자가 살림만 잘하면 된다.
  - 항상 조신해야 한다.
  - 여자가 못하는 말이 없다.
  - 여자가 너무 설친다.
  - 그 나이면 옛날엔 시집가서 애 낳을 나이다.

▨ 둘. 양성평등 어디서부터 시작해야 될까요?

- 이제는 부부 사이에도 강간이 성립되니 상대방의 의견이나 생각을 존중해줘야 한다.
- 상대방의 배려에서부터 양성평등을 실천해야 한다.
- 양성평등이 개념은 정말 좋지만, 노년이 되니 퇴직 후 남성의 권위가 너무 떨어진다.

- 남성, 여성 차별이 아닌, 내가 잘 할 수 있는 부분은 내가 하고, 못하는 부분은 서로 같이 하면 골치 안 아프고 편하게 살 수 있다.
- 아직도 노동시장에서 여성들의 인건비가 낮고, 승진 체계 등 다양한 요소들에 대한 처우가 좋지 못하다. 그리고 육아와 동시에 직장 생활할 수 있는 환경적인 요소들이 뒷받침 되어 있지 않아서 앞으로 많은 지원이 필요하고, 변화되어야 하는 부분이다.

▨ 셋. "노인의 성, 배우자 이해와 배려가 우선" 어떻게 실천하면 될까요?

- 양성평등은 서로에 대한 이해와 배려에서 시작해야 한다는 것을 새삼 느꼈다.
- 옛날에는 남편 말이라면 꼼짝도 못했지만, 이제는 이게 아닌 것 같아서 이 교육을 통해서 이렇게 남편과 대화하고, 양성평등적인 주제로 이야기할 수 있어서 좋다.
- 과거에는 남자의 역할, 여자의 역할 구분을 두었다. 지금은 양성성으로 각자의 단점을 서로 보완하고, 함께 공존하면서 사는 가정이 되어야지 좋은 사회가 될 수 있다.
- 요즘 부부들은 양성평등 관점, 성인지적 관점을 많이 알고, 맞벌이로 서로 배려를 많이 하지만, 지금 노년 생활을 하고 있는 노인들은 이 부분에 대해서 교육이 더 필요하고 실질적으로 서로 느끼고 변화되어야 한다.

과거		현재
남	**여**	
강압적	순종적	• 중성적인 성역할이 강조된다.
진취적	의존적	• 남녀 역할이 고정되는 것이 아니라, 환경과 역할에 대해서 상호적으로 다양한 역할이 부여된다.
사회적	가정적	• 성인지적 관점으로 서로에 대한 이해와 배려에서부터 양성평등이 시작된다.
능동적	수동적	
씩씩함	온화한	

Talk Talk!

▨ 양성성 개념의 이해

이상적인 성역할의 대안으로서 심리적 양성성의 개념이 제시되고 있다. 양성성[androgyny]이란 남성을 일컫는 Ando와 여성을 일컫는 Gyn이 합성된 용어로, 하나의 유기체 안에 남성적인 특성과 여성적인 특성이 함께 존재하는 것을 말한다. 독립된 특성으로서 남성성과 여성성을 동시에 가지고 있으면서 경우에 따라 두 가지 역할을 융통적으로 수행할 수 있기 때문에 심리적 양성성은 보다 효율적인 성역할 개념으로 받아들여지고 있다.

▨ 성인지적 관점

남성과 여성이 처한 현실에 따라 그 효과가 다를 수 있다는 문제의식에서 출발해 여성과 남성의 삶을 비교하고, 여성 특유의 경험을 반영하며, 특정 개념이 특정 성에게 유리하거나 불리하지 않은지, 성 역할 고정관념이 개입되어 있는지 아닌지에 대하여 각종 정책과 실천현장의 방법 등을 검토하는 관점이다.

▨ 양성평등

양성평등이란 간단하게, 남녀가 함께 정치, 경제, 사회, 문화적 발전에 기여하고 그 결과물의 동등한 수혜자가 될 수 있도록 남녀에게 인권과 잠재력을 실현할 수 있는 동등한 조건을 부여하며, 결과적으로 동등한 지위에 이르게 하는 상태를 말한다.

우리가 흔히 말하는 섹스[sex]는 생물학적 성(차이)로서 남성[male]과 여성[female]을 말하며, 젠더[gender]는 사회문화적 성(차이)를 말한다.

양성평등을 실현하기 위해서는 무엇보다도 양성평등에 대한 사회적 합의와 이를 실천할 수 있는 의식전환이 필요하다. 여성과 남성의 요구에 대한 민감한 고려 없이 시행되는 정책이나 프로그램 등은 기존의 불평등을 확대, 재생산할 수밖에 없기 때문이다. 이를 위해서는 법적·제도적 기반 마련과 함께 여성과 남성의 형식적인 동질성이 아니라 양성이 지닌 생물학적 차이, 사회적 조건의 격차를 충분히 고려하면서, 결과적으로 양성 간 삶의 조건의 불평등성을 해소해가려는 사회적 실천이 필요하다.

1) 양성평등에 대해서 올바르게 이해하였는지, 2~3명이 대표로 이야기한다.

2) 노년의 양성평등이 필요한 이유와 행복한 노후생활을 위한 방법을 마지막으로 정리한다.

3) 전문 성 리더들이 직접 작성할 강의안에 대한 주제를 선정할 수 있도록 과제를 부여한다.

클라이언트

- 남자는 평생 가족을 위해 돈을 벌다가 노년이 되어서는 정년퇴직을 당하고, 아내에게 경제권까지 다 뺏기다 보니 너무 힘든 노년이 되는 것 같다. 남자는 평생 돈의 노예가 되는 것 같다.
- 우리들은 참 가난한 시대의 사람들로서 "집이 있길 했나" 셋방을 얻어 살면서 힘든 생활을 함께 했다. 남자가 주도적으로 경제활동을 하다가 요즘 와서 연금이 각자 나오니까…. 젊은 시절을 아등바등하며 보낸 것 같다.
- 양성평등이라고 말하지만, 요즘은 남자가 퇴직하게 되면 남자가 더 힘이 없는 것 같다.
- 남성 권위가 자꾸 떨어지는 것 같다. 요즘 여자분들은 취직할 때가 많아 70대가 되어도 설거지도 하고 하지만 남자들은 할 일이 없다. 여자들은 아기라도 봐주어 경제력을 잃지 않는 것 같다.
- 양성평등 안에 성에 대한 내용도 당연히 있다. 우린 가부장적인 사회에서 여성은 소극적이고, 성이라는 단어를 금기시하고 생활해왔다. 양성평등 관점에서는 우리도 동등한 입장으로 서로 성에 대해 대화하고 이야기하고, 공감해야 한다.

워커

- 부부간의 성 차별에 대한 주제로 토론하면서 성별에 따른 주장이 사뭇 상반된 의견이었다. 여성 참여자들은 젊은 시절 아내이자 어머니로서 조용히 살았던 세월에 대한 성 차별의 흔적을 이야기한 반면에 남성 참여자들은 시간이 지나 남성의 위치와 권위가 떨어지면서 경제력을 부인이 쥐고 있는 상황에서 남성의 입장을 대변하였다.
- 남성들은 은퇴 후 사회적 역할상실로 인해 심리적으로 위축되는 현상이 나타나기 때문에 이 시기의 부부 의사소통을 강조하였고, 이에 퇴직한 남성 어르신들을 위한 행복한 여가생활을 위한 방법, 노후를 재미있게 보내는 방법 등 다양한 프로그램 개발이 필요하다는 것에 모두 공감하였다.
- 양성평등의 관점은 서로의 차이를 인정하는 것을 바탕으로 시작합니다. 차이를 인정하고 서로 배려하고 공감하고 이야기한다면 노년의 성, 행복한 노후를 보낼 수 있는 첫 번째 단추이자, 마지막 단추라고 생각합니다.

강사

- 토론은 활발하게 이루어졌으나, 노년의 양성평등 주제의 토론에서 벗어난 느낌이 들었고, 참여자 한 명이 너무 자기중심적인 이야기에 몰두해 토론의 방향이 흔들렸으며, 강사가 중재자 역할을 잘 하지 못했다. 앞으로 토론 진행 시 사회자 역할과 동시에 중재자 역할을 잘 수행해야 겠다는 생각이 든다.
- 프로그램 참여자 각자의 남녀 양성평등에 대한 인지가 다름을 간과하여, 여성 참여자들은 공감대가 형성돼 다양한 의견이 나왔지만 남성 참여자들은 공감대를 형성하지 못해 남녀의 양성평등보다 남성의 사회적 역할 및 기대에 대해 이야기하였다. 남녀 참여자들의 공감대를 충분히 형성하여 양성평등에 관한 토론을 진행했다면 더욱 더 풍부한 양질의 내용들이 나왔을 것이라고 생각한다.

- 참여자들의 세대는 가부장적이고, 남성 중심성이 강한 사회였습니다. 노년의 성에 대해 바로 알기 위해서는 양성평등 관점이 필요합니다.
- 양성평등 관점이란 여성과 남성의 차이를 인정하고, 이들이 바라보는 각각의 시각과 역할을 존중해주는 관점입니다. 요즘 예산 편성에도 성인지적 관점을 도입하여 정책에 대한 성과주의 예산을 집행하고 있습니다. 차별이 아니라 차이를 인정하여, 어르신들의 노년의 성에 대한 관점을 인지하고, 더 나아가 교육을 진행한다면 올바른 성인지를 확립할 수 있다고 생각합니다.
- 노년의 성인지는 아직 많이 부족합니다. 노년의 성인지 및 성의 중요성에 대한 교육을 통해 양성된 성 전문 리더들이 지역사회에 올바르고, 긍정적인 노년의 성에 대한 교육을 할 수 있기를 바랍니다.

차기계획

- 매력적인 노년의 성을 위한 올바른 부부생활에 대한 교육과 토론의 장 마련

양성평등 어디서부터 실천해야 할까요?

"노인의 性, 배우자 이해와 배려가 우선"

남성노인, 성교 중심적·가부장적 성 역할 태도 인식 변화 시급

인구보건복지協 '노인 성 건강증진 세미나'

노년기의 건강한 성(性)생활을 위해서는 성교 중심적인 남성노인의 성 인식 변화는 물론 가부장적이고 본인 중심적인 성생활 대신 배우자에 대한 이해와 배려가 필요하다는 지적이다.

서정애 인구보건복지협회 조사연구실장(사진)은 9월 23일 서울 중구 충무아트홀 컨벤션센터에서 열린 노인 성 건강증진 세미나에서 '상담사례를 통해서 본 노인 성문화'란 주제발표를 통해 이 같이 밝혔다.

서 실장이 발표한 자료에 따르면 보건복지가족부가 지난 5~8월 서울·인천·충북지역에 개소한 노인성상담소에 접수된 성상담건수는 모두 392건으로 나타났다.

이 가운데 성기능(132건) 관련 문의가 33.7%로 가장 많았고, 이어 부부성갈등 21.2%(83건), 기타14.3%(56건), 이성교제13.8%(54건), 성충동 6.6%(26건) 등으로 나타났다.

성별로는 남성(293명)이 75%로 여성25%(99명) 보다 월등히 많았다. 연령별로는 60대가 48%(188건), 70대가 (129건)32.9%, 50대가 39건(10%) 순이었다.

상담사례를 통해 나타난 노인 성문화의 특성을 살펴보면 ▷성(性)에 대한 높은 관심도 ▷남성 중심의 성 ▷배우자와의 성적 소통 어려움 ▷외로움과 성(性)의 결부 등으로 나타났다.

서 실장은 "부부가 상호 존중하는 평등한 성생활을 만들기 위해서는 남성노인의 성교 중심적인 성 인식을 변화시켜야 한다"며 "또 가부장적 성역할 태도에 대한 재고가 시급하다"고 지적했다.

서정애 조사연구실장은 "상담사례를 분석한 결과, 여성노인보다 남성노인들이 성 상담에 대한 관심이 높게 나타났다"며 "주로 60대가 가장 많은 비중을 차지했다"고 말했다.

노인 성문화의 가장 큰 특징으로 남성중심의 성(性)을 꼽을 수 있다. 특히 남성의 경우 성기능을 중요시하는 특성을 갖고 있었다.

서 실장은 "남성노인들의 상담 내용은 주로 비아그라 복용, 성기능 보조제 등 성기능 장애와 관련된 질문들이 주를 이뤘다"며 "이처럼 남성노인의 경우 성기능을 자기정체성과 밀접하게 관련짓는 특성을 지니고 있다"고 설명했다.

이어 "성생활 장애를 성기능 장애와 동일시함으로 각종 보조기구를 통해 성기능을 회복시키고자 하는 경향이 높다"며 "이때 발기력, 성관계 횟수 등을 성생활의 지표로 활용하고 있다"고 말했다.

노인 성 건강증진 세미나가 9월 23일 서울 중구 충무아트홀 컨벤션센터에서 개최됐다.

성적 욕구의 불일치로 인해 성적 갈등으로 고민하는 부부도 적지 않은 것으로 나타났다. 특히 부부 성(性)갈등이 불씨가 돼 단순한 의사표현뿐만 아니라 건강, 성별 역할, 부부권력관계 등에도 영향을 미칠 수 있다고 지적했다.

성상담사례를 분석한 결과, 부부 간의 성적느낌, 인식, 만족감에 있어서 성별 차이가 컸다.

서 실장은 "남성노인의 경우 성적 욕망과 관련해 주로 섹스, 성기능을 강조하는데 반해 여성은 대화에 대한 욕구, 여성교제의 욕망 등이 높았다"며 "이러한 성별차이는 심각한 상호 불이해와 갈등으로 이어지기도 한다"고 지적했다.

또 사별, 재혼, 질병 등을 겪음으로 부부간 성관계나 이성교제 등에도 영향을 미쳤다.

한편, 이날 세미나에서는 김세철 중앙대의료원장이 '노년기 남성의 성'을, 김숙희 김숙희산부인과 원장이 '폐경기 이후의 여성의 성'을 발표했다.

이미정 기자 milee@nnnews.co.kr

자료: 이미정, 〈노년시대신문〉, "노인의 성, 배우자 이해와 배려가 우선", 2009년 9월 22일자.

▨ 기사를 읽고, "노년의 양성평등! 어떻게 실천하면 좋을까요?"에 대해 자유롭게 적어 주세요.

젠더 체크리스트 gender checklist 질문지

젠더란 생물학적인 성차가 아닌 사회적·문화적으로 만들어진 여성다움, 남성다움을 말합니다. 이 검사도구는 매일의 생활을 통해 드러나는 남녀의 현실에 눈을 돌리고, 이를 재조명하기 위한 것입니다. 해당하는 곳에 예/아니오를 표시하세요. 각 문항은 1점입니다.

A. 배우자		
1	주택이나 자동차 구입 등 규모가 큰 지출은 남편이 결정한다.	•
2	처자를 부양하는 것은 남자의 보람이다.	◎
3	남편은 '주인'이라 부르는 것은 당연하다.	◎
4	자산(저축이나 집, 보험 등)은 남편의 이름으로 해야 한다.	•
5	아내는 남편의 문중에 뼈를 묻는다.	◎

'예'의 합계 (　　　) 점

B. 집안 일		
6	마실 차는 스스로 준비한다.	•
7	남자도 쓰레기 분리수거 방법을 알고 있고 실천한다.	•
8	남자에게 집안일을 맡기고 집을 비운 채 외출할 수 있다.	•
9	간단한 식사 정도는 남자 스스로 마련한다.	•
10	가족의 여건에 따라 세탁이나 청소를 한다.	•

'아니오'의 합계 (　　　) 점

C. 육아		
11	여자아이는 얌전하게 남자아이는 씩씩하게 키운다.	◎
12	아버지는 유사시에만 육아에 참여하는 것이 좋다.	◎
13	"여자가 되어 가지고" "남자니까"라는 말을 한다.	•
14	여자아이는 디자인과 색상, 남자아이는 기능성과 활동성을 고려하여 옷을 고른다.	•
15	남자아이보다 여자아이는 언어 표현에 신중해야 한다.	•

'예'의 합계 (　　　) 점

<table>
<tr><td colspan="3" align="center">D. 간호, 돌보기</td></tr>
<tr><td>16</td><td>남성이 집안일이나 간호하고 있는 것을 보면 안 되어 보인다.</td><td>◎</td></tr>
<tr><td>17</td><td>여성이 가족을 위해 자신을 희생하는 것은 어쩔 수 없다.</td><td>◎</td></tr>
<tr><td>18</td><td>식사, 대소변 받기 등 노부모 시중을 남성이 들기는 없다.</td><td>◎</td></tr>
<tr><td>19</td><td>식사나 손님 접대는 언제나 여성이 하는 편이 좋다.</td><td>·</td></tr>
<tr><td>20</td><td>부모가 쓰러지면 여성(딸이나 며느리)이 간호해야 한다.</td><td>◎</td></tr>
</table>

'예'의 합계 (　　　) 점

<table>
<tr><td colspan="3" align="center">E. 직장과 가정</td></tr>
<tr><td>21</td><td>여성은 집안일이나 자녀 양육에 지장을 주지 않고 일하는 것이 좋다.</td><td>◎</td></tr>
<tr><td>22</td><td>여성이 직업을 가지면, 가정의 일을 소홀히 하게 된다.</td><td>◎</td></tr>
<tr><td>23</td><td>자녀가 어릴 때는 어머니는 일을 하지 않는 것이 좋다.</td><td>◎</td></tr>
<tr><td>24</td><td>남성의 육아휴직은 별로 바람직하지 않다.</td><td>◎</td></tr>
<tr><td>25</td><td>여성이 직업과 가정의 양립문제로 고민하면, "아쉽지만, 퇴직하라"고 권한다.</td><td>◎</td></tr>
</table>

'예'의 합계 (　　　) 점

<table>
<tr><td colspan="3" align="center">F. 여가, 사회활동</td></tr>
<tr><td>26</td><td>데이트 비용은 대체로 남성이 부담한다.</td><td>·</td></tr>
<tr><td>27</td><td>가족이 쉬는 휴일, 여성은 오히려 바쁘다.</td><td>·</td></tr>
<tr><td>28</td><td>남성은 휴일에도 취미라든가 직장 동료와의 만남이 중요하다.</td><td>·</td></tr>
<tr><td>29</td><td>남성은 노후에도 계속할 수 있는 취미를 갖고 있지 않다.</td><td>·</td></tr>
<tr><td>30</td><td>지역 활동, 자원 활동은 여성이 적합하다.</td><td>◎</td></tr>
</table>

'아니오'의 합계 (　　　) 점

자료: 양애경 외(1999), 「성인지 교육 프로그램 개발 - 지차체의 여성정책부서 공무원 대상」, 한국여성개발원, p.152~154.

젠더 체크리스트 평가지

분야	합계	의식(◎) 합계	실천(•) 합계
A. 배우자			
B. 집안일			
C. 육아			
D. 간호, 돌보기			
E. 직장과 가정			
F. 여가, 사회활동			
총 합계			

사용방법

● **성인지도 측정 결과**
  - 16~30점: 성별에 꽤 얽매여 있군요. 한 번 더 일상생활을 다시 살펴보세요.
  - 6~15점: 의외의 일상생활에서 성별에 구애받으시는군요. 양성평등을 지향하세요.
  - 0~5점: 성별에 구애받지 않고 활달하시군요. 양성평등 사회의 실현을 위해 힘을 발휘해보세요.

● **의식과 실천의 측정 결과**
  의식(◎)과 실천(•)의 점수가 각 15점을 최고점으로 하여 점수가 높을수록 성인지도가 낮다는 것을 의미한다.

레이더 차트

▨ 레이더 차트란?

어떤 측정 목표에 대한 평가항목이 여러 개일 때 항목 수에 따라 원을 같은 간격으로 나누고, 중심으로부터 일정 간격으로 동심으로 척도를 재는 칸을 나누어 각 평가항목의 정량화된 점수에 따라 그 위치에 점을 찍고 평가항목 간 점을 이어 선으로 만들어 항목 간 균형을 한눈에 볼 수 있도록 해주는 도표입니다. 여러 측정 목표를 함께 겹쳐 놓아 비교하기에도 편리하며 각 항목 간 비율뿐만 아니라 균형과 경향을 직관적으로 알 수 있습니다.

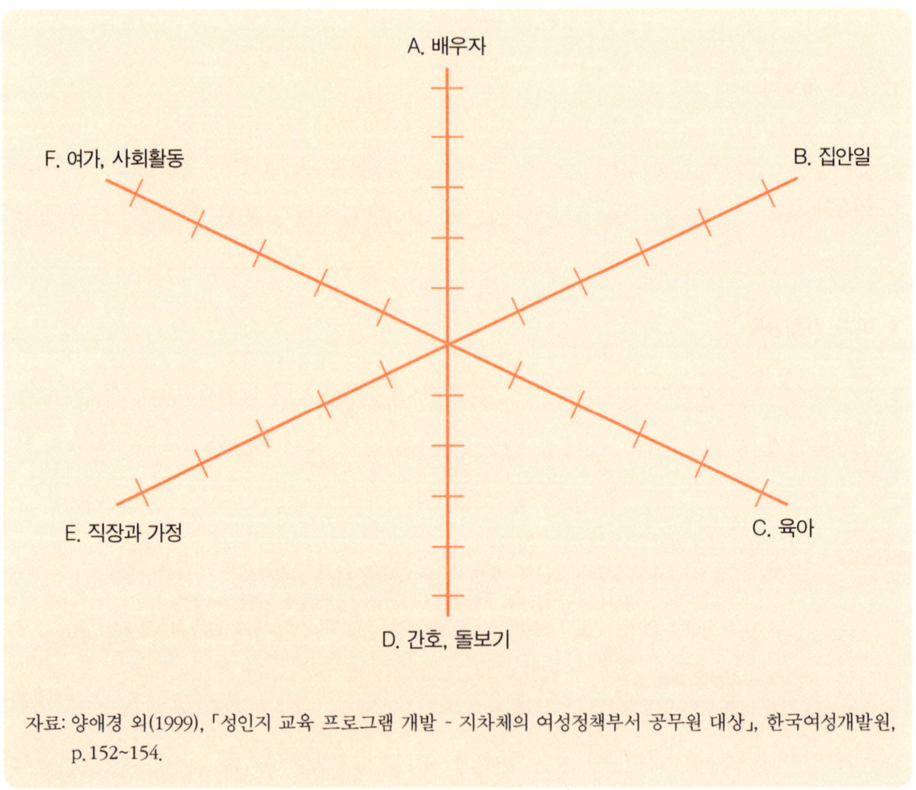

자료: 양애경 외(1999), 「성인지 교육 프로그램 개발 - 지차체의 여성정책부서 공무원 대상」, 한국여성개발원, p. 152~154.

사용방법
- 자신이 중심이라고 생각하고, 중심범위에서 A부터 F까지의 위치를 표시해본다.
- 육아는 손자, 손녀를 봐주는 정도를 나타낸다.
- 레이더 차트를 통해서 나의 생활 범주를 알아 볼 수 있다.

파트너에게 편지쓰기

아름다운 노후생활을 보내기 위해서 양성평등의 시작에 맞춰, 남편/부인에게 "앞으로 어떻게 살자"라는 내용으로 서로에게 편지를 쓴다.

To.

From.

사용방법
- 행복한 노후생활을 위한 양성평등 실현을 위해 서로에게 바라는 점을 쓴다.
- 이 워크지는 양성평등의 의의와 노년의 성에 대한 사랑과 배려에 대해서 부부들의 약속이 실현될 수 있도록 하는 역할을 해준다.

PART 2 기라성 전문 성 리더 양성단계

9

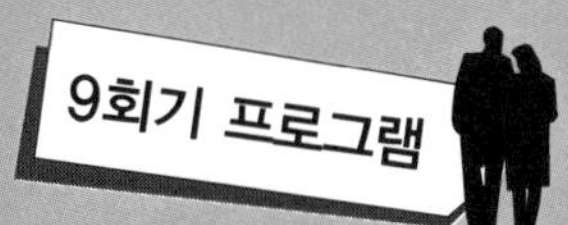

매력적인 노년의 성을 위하여

활동목표	1. 매력적인 노년의 성을 위하여 올바른 노년기 부부생활에 대하여 알아보고, 교육을 통해 느꼈던 점을 이야기한다. 2. 노년기 이미지 메이킹에 대한 필요성과 간단한 워크지를 통해 이미지 메이킹을 경험해본다. 3. 남녀 참여자들이 생각하는 노인의 가장 매력적인 부분에 대해 이야기해보고 회기를 정리한다.
회 기	9회기(90분)
준비물	활동 워크지, 필기도구, 프레젠테이션
한 발짝 다가서기	■ 이미지 메이킹에 대한 필요성을 못 느낄 수 있으므로, 시청각 자료를 활용하여 관심을 유도한다. ■ 올바른 부부생활에 대한 정답이 아닌 우리 그룹에서 나올 수 있는 답들에 대해 지지하고 격려해야 한다. ■ 각자 실생활에서 실천할 수 있는 부부만의 애칭만들기, 부부만의 사랑표현 방법들을 만들어보는 것도 흥미를 유발할 수 있다. ■ 매력적인 노인을 위해 우리가 실천할 수 있는 부분을 정리하여, 외부 성교육 진행 시 강의안을 만들 수 있도록 한다.

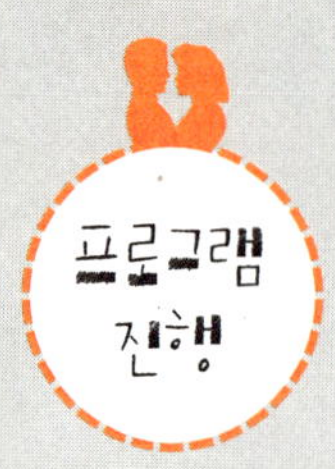

활동과정	활동내용	시간(분)
도입	1) 가벼운 인사와 함께 참여자 확인을 한다. 2) 프로그램 진행 내용들에 대해 안내하고 전개로 이어간다.	5분
전개	1) 매력적인 노년의 성을 위한 올바른 노년기 부부생활을 강의한다. (15분) · 의사소통에 대한 이해, 성적인 부분이 아닌 정서적 공감을 통한 사랑 표현하기, 부부간의 성생활에 대한 표현방법 등 강의하기 2) 노년기 이미지 메이킹에 대해 이해한다. (20분) · 프레젠테이션 자료를 활용한 노년기 이미지 메이킹에 대한 이해와 필요성에 대한 강의를 진행하기 · 이미지 메이킹 필요 요소, 매력있는 노년을 위한 7가지 이미지 메이킹 등에 대해 설명하기 3) 노인의 가장 매력적인 부분에 대한 토론한다. (30분) · 워크지를 통해 노인의 가장 매력적인 부분에 대해 적어보고 토론한다. 4) 성공적인 노화 워크지를 통해서 나의 현 위치를 재점검해본다. (15분)	80분
마무리	1) 토론된 내용을 총괄적으로 정리하고, 느낌을 나눈다. 2) 차후 프로그램에 대한 설명을 하고 마친다.	5분

01 | 도입단계(5분)

1) 매력적인 노년의 성을 위한 우리들의 노력에 대한 이번 회기 프로그램을 설명한다.
2) 성공적인 노화 검사와 애칭만들기, 노년의 매력적인 부분은? 등 워크지 작성하는 방법
   에 대해 설명한다.

02 | 전개단계(80분)

1) 올바른 부부생활을 위한 교육을 실시한다.
   ☞ 프레젠테이션 자료를 활용하거나, 프린트물을 요약해서 배포해도 좋다.
2) 노년기 이미지 메이킹에 대한 이해를 위한 교육을 실시한다.
3) 노인외 가장 매력적인 부분에 대한 토론에 앞시, 올바른 부부생활 애칭만들기 워크시를
   배포한다.
   ☞ 이 워크지는 현재 부부로 살아가는 부부를 대상으로 애칭을 만들기 위한 워크지로
      서 상대방과 논의 없이 각자가 생각하는 배우자에 대한 느낌, 애칭 등을 적게 하는
      시간이다.
4) 제한된 시간 안에 작성할 수 있도록 하며, 배우자의 첫인상 혹은 첫 만남을 추억할 수
   있도록 사회자는 유도하며, 애칭이나 호칭을 만듦으로써 부부생활에 있어 재미있는 요
   소를 만들어주는 것을 목표로 하여 워크지를 작성한다.
5) 작성 후에 발표 시간을 갖고, 발표 후에는 상대방이 정한 애칭이 마음에 드는지 확인해
   보고, 앞으로 애칭 사용에 대해 시범을 보여 흥미를 유발한다.
6) 노인의 가장 매력적인 부분은 어떤 부분들인지 토론하는 시간을 갖는다. 워크지를 배
   포하여 작성하게 한 후 이를 위한 토론 시간을 갖는다.
   ☞ 내가 생각하는 노인의 이미지, 사회에서 생각하는 노인의 이미지, 노인의 가장 매력
      적인 부분은 어떤 것들이 있는지, 사람들에게 보였으면 하는 나의 이미지 등을 주제
      로 이야기를 나누고, 정답은 없되 서로가 바라고 원하는 이미지들에 대해 자유롭게
      이야기 나눌 수 있도록 한다.

7) 성공적인 노화 검사 워크지를 통해서 현재 나의 위치를 점검해본다.

〈올바른 부부생활 애칭만들기〉, 〈노인의 가장 매력적인 부분은?〉 워크지 작성방법

- 올바른 부부생활 애칭만들기 워크지를 작성한 후, 발표 시간을 가져 실제로 시연해보면 재미있는 분위기를 조성할 수 있다.
- 애칭을 몇 번 불렀는지 다음 회기에 체크해보면서 그 호칭을 불렀을 때의 느낌을 나눈다.
- 누구 아이의 엄마, 아빠로만 불리우다가 새로운 애칭과 호칭을 갖게 됨으로 새로운 부부생활의 즐거움을 느낄 수 있다.
- 노인의 가장 매력적인 부분은? 워크지 작성 시, 프로그램 강의내용을 상기시켜주면서 작성하게 한다.
- 워크지를 통해 노인들의 생각, 바라는 점들을 읽을 수 있으며, 매력적으로 봐줬으면 하는 부분들을 다음 회기 때부터 자주 활용하여 지지하고 격려하면 참여자들의 자존감이 높아질 수 있는 좋은 요소가 될 수 있다.

강의 NOTE

올바른 부부 성생활을 위한 교육

1. 부부 성생활의 올바른 태도와 지식

- 부부 성생활은 한쪽 배우자에게만 책임이 있는 것이 아니다.
- 성에 대한 정확한 지식을 가져야 한다.
- 남녀는 성적 표현의 차이가 있다.
- 서로 상대방의 만족을 위해 노력이 필요하다.
- 상대방에 대해 불만족 시 대화나 질문 등으로 해결해야 한다.

2. 부부 성생활이 건강에 좋은 이유

- 여러 가지 통증을 없애준다.
- 오르가슴에 오르게 되면 뇌 속에 엔도르핀 호르몬이 분비된다.
- 엔도르핀은 해독이 없는 모르핀과 같은 역할을 한다.

- 성관계를 하는 동안 몸 전체 구석구석의 근육을 긴장시켜 운동 효과를 주게 된다.
- 마사지 요법과 같은 근육을 이완시켜 주는 동일한 원리이다.

3. 바람직한 부부대화기법
- 자신의 문제가 무엇인지 상대방에게 털어놓고 협조 구하기
- 어떤 정신적 스트레스가 성욕을 감소시키는지 협조 구하기
- 어떤 내면적 갈등으로 괴로워하는지 상호 간에 좋은 치료자가 되기

노년기 이미지 메이킹을 위한 교육

1. 이미지 메이킹이란?
내가 추구하는 목표를 이루기 위해 나의 이미지를 통합적으로 관리하는 행위, 자기 향상을 위한 개인의 노력 "이미지는 의식이다. 의식은 곧 습관이다. 습관은 다시 의식이 된다"는 것을 인지시킨다.

2. 이미지 메이킹 요소
① 외모 - 인상이 좋은지 인상이 나쁜지에 대한 외모에서 풍기는 이미지
② 언어적 행동 - 긍정적인 단어 사용, 명랑한 이야기
③ 행위 - 친질한 태도, 호의적인 사세, 세련된 매너
④ 비언어적 메시지 - 상황에 맞게 표정을 연출하기
⑤ 상황 - 화장할 때 화장하자, 즉 그 상황에 맞는 연출하기

3. 매력있는 노년을 위한 7가지 이미지 메이킹
외적 이미지를 강화하면 긍정적인 내적 이미지를 끌어내는 시너지효과가 있다.
- '미소'를 지어라.
- '친절'한 사람이 되어라.
- '목소리'를 단련시켜라.
- '상황'에 맞는 패션을 연출하라.
- '향수'를 사용하라.
- '구강청결제'를 사용하라.
- 항상 즐겁고, 긍정적인 사고를 하라.

03 | 마무리단계(5분)

1) 노년기 부부생활을 위한 의사소통의 이해단계, 노년기 이미지 메이킹을 위한 각자의 노력, 가장 매력적인 노년의 이상적인 모습들에 대해 간단히 정리하는 시간을 갖는다. 이야기 나누었던 부분들을 상기하면서 한 가지라도 실천할 수 있도록 노력을 다짐하며 마무리한다.

2) 차기 진행되는 프로그램, 성교육 강사가 가야할 길에 대해 이야기 나눌 것을 공지하며 마친다.

- 교육을 받고 나서 여러 가지 좋은 점이 많았고, 교육을 받는 동안 부부생활에 대해 대화가 많아진 것이 좋았다.
- 우리 실버들은 70~80대에 성생활을 왕성하게 하는 경우도 있지만, 60세 이후가 되면 신체적인 발기부전 문제 때문에 성생활이 완만하지 않다. 노년기의 성이 정신적인 문제를 해결하는 것이 중요하다고 강의해왔는데, 실제적으로 이론과 실제는 다르다는 것을 이야기하고 싶다. 그동안 강의를 통해 정신적인 것만 해결하는 것을 너무 강조한 것 같다. 발기부전이 생길 경우 비아그라를 처방하면서 해야 하는 것인지, 약을 먹으면서 치료하거나, 포르노 비디오를 보는 것도 좋은 것 같은데 왜 강사님은 그런 이야기를 하지 않는지 모르겠다.
- 인간의 3가지 욕구 중 성욕에 관한 강의를 들었는데, 사실 우리 세대는 이런 교육을 참 안하고 살았는데, 성기에 대한 이야기는 난잡하고 더럽다고 생각하고 살았다. 성교육을 받았더라면 우리가 이런 부부생활을 하지 않았을 것이라는 생각이 들고, 기라성 프로그램을 통해 배운 것들을 실천한다면, 각방 쓰는 것이 줄어들지 않을까라는 생각이 듭니다.
- 성교육을 통해 우리가 생활에서 거론하지 못한 부분을 허심탄회하게 이야기해서, 특히 남녀 사이의 차이가 있음을 알게 되어 좋은 강의였던 것 같습니다.
- 성교육이 처음이라 관심 있게 참여한 프로그램이었습니다. 한방에서는 남자는 7이라고 하고, 여자는 8이라고 합니다. 남자는 7×7=49, 여자는 8×8=64라고 합니다. 남자는 49살에 성기능이 서서히 줄어들고, 여자는 64살부터 성기능이 줄어든다고 합니다. 그렇기 때문에 부부가 함께 성에 대한 이야기를 함께 하는 것이 좋겠다는 생각이 듭니다.
- 이번 교육을 통해 실질적으로 실행한 일들이 있었습니다. "사랑합니다, 고맙습니다"라는 것을 실천해보니까 집사람이 아주 좋아하고, 성생활에서 직용해보니 싱관계 시 조금은 만족을 느꼈던 것 같습니다.
- 그동안 프로그램이 좋았지만, 발기부전에 대한 치료에 기대를 못 미친 것 같아 실망이 크지만, 그래도 노년의 성에 대해 이야기를 나눠 좋은 시간이었던 것 같습니다.
- 성은 쓸수록 잘 된다고 합니다. 우리도 성을 자주 이용합시다. 부부가 함께 활성화해야 할 것 같습니다. 이 교육을 통해 성관계에 자신감이 생겼습니다.
- 프로그램 시작 전에는 "내가 왜 배워야 하는가?" 했지만, 남녀가 차이가 있다는 것을 배우게 되었고, 앞으로도 잘 사용하고 싶습니다.
- 이 교육을 통해 노년의 성은 정신적인 것이 중요하다는 점을 많이 느꼈습니다. 저는 육체적인 것보다는 정신적인 것이 더 중요하다는 생각이 듭니다. 그래서 교육받고 나서부터는 산에 갔다 와서 초인종을 누르면서 "사랑합니다"라고 합니다.
- 저는 3곳의 복지관을 다니고 있는데, 노년의 성에 관한 교육이나 프로그램은 없었습니다. 많은 사람들이 노년의 성에 대해 관심도 많고, 부부나 싱글 모두 성욕구가 있는 것 같습니다. 근데 노년의 특징을 잘 알면서도 쉽게 실천하지 못했는데, 이 교육을 통해 노년의 성에 대해 알게 되어 좋았습니다. 앞으로 60대, 70대, 80대 노년을 위한 이성교제 프로그램이나 노년의 성에 대한 이야기를 함께 나누었으면 좋겠다는 생각이 들었습니다.

- 오늘 강의를 듣고 참여자 한 분씩 강의에 대한 소감을 말하는 시간을 가졌습니다. 지금까지 강의에 대해서 부정적이고 비판적이었던 참여자들이 집에 돌아가 부인에게 "사랑한다, 감사하다"라고 말을 전하고 강의에 대한 내용을 행동으로 옮겨 변화되는 모습들이 멋졌습니다. 기라성 참여자들이 변화되는 모습이 여기서 그치는 것이 아니라, 지역사회 노인들에게도 이런 변화를 유도하고 싶습니다.
- 다른 참여자는 이 강의가 부부에게도 좋지만 노년에 혼자인 어르신들이 욕구가 큰 만큼 그 분들에게도 많은 도움이 될 수 있다고 보고 연령대별로 나누어 혼자이신 어르신들을 모아 강의를 한다면 그것 또한 큰 효과를 가져올 수 있을 것 같다라는 이야기도 나와서 이 부분을 잘 고려하여 외부 성교육 진행 시 준비해야겠다. 노년의 성과 관련하여, 남성들의 발기부전이나 전문적인 성 지식에 대한 강의가 부족하여 보다 전문화된 지식과 리더들의 궁금증을 해결하기 위한 전문의와 같은 외부 전문가를 섭외하여 향후 교육 진행이 필요할 것 같습니다.

- 그동안 방관자로 지켜본 참여자들이 교육평가 시간에 교육 이후 부부간의 성생활의 변화에 대해 이야기하였고, 앞으로 노년의 성에 대한 제언도 한 분도 빠짐없이 모두 다 이야기 해주신 의미 있는 시간이었습니다.

- 노년의 성에 대해 참여자들이 모두 공감하는 부분이며, 노년의 성에 대한 긍정적인 인식 전환이 된 것은 교육의 효과성으로 볼 수 있습니다. 교육이 후반기에 이르면서 노년의 성에 대한 낯선 개념이 공감대를 형성할 수 있어서 교육 목적에 부합하다고 할 수 있습니다.
- 지역사회 구성원들이 노년의 성에 대해 긍정적인 인식 전환이 될 수 있도록 담당자는 지역 연계 및 교육기관 연계 부분에 대해서도 꼼꼼히 체크해야 할 것입니다.

- 기라성 성교육 강사가 가야할 길 확립하기
- 향후 차기계획 논의, 강사로서의 역할 정립, 지역사회 확산단계에서 해야 하는 활동들에 대해 논의하기
- 강사의 형태는 기라성 프로그램에 참여한 모든 인원으로 할지, 혹은 집단을 대표하는 인원으로 구성할지에 대해 논의하기
- 강의안은 어떻게 구성하며 누구를 대상으로 교육할지에 대해 논의하기

올바른 부부생활 애칭만들기

배우자의 이름 (한글, 한자, 영어 등)	
처음 배우자를 **만났을 때의 느낌은?**	
처음 배우자를 불렀을 때의 **호칭은?**	
지금 배우자를 부르고 싶은 **호칭 또는 애칭은?**	
배우자가 가장 **좋아할 만한 호칭 또는 애칭은?**	

사용방법
1. 배우자의 이름을 한글, 한문, 영어로 적는다.
2. 처음 배우자를 만났을 때의 첫 느낌에 대해서 생각해서 작성한다.
3. 처음 배우자를 부르게 되었을 때의 호칭이나 이름을 생각해서 작성한다.
4. 지금 배우자를 부르고 싶은 호칭, 애칭에 대해서 작성한다.
5. 배우자가 가장 좋아할 만한 호칭, 애칭에 대해서 작성한다.
6. 1번~5번까지 작성하고 서로 바꿔서 읽어본다. 서로에 대해서 얼마나 기억하고 있으며, 앞으로 애칭을 만들어 사용하면서 감정 표현 방법에 대해서 숙지한다.

노인의 가장 매력적인 부분은?

내가 생각하는 노인의 이미지는 어떤 것인지 적어주세요.	
사회에서 노인하면 가장 먼저 떠오르는 것들을 적어주세요.	
노인의 가장 매력적인 부분은 어떤 것들이 있는지 적어주세요.	
사람들이 나를 볼 때, 이런 부분을 매력적으로 봐줬으면 하는지 적어주세요.	

성공적인 노화 검사

어르신의 성공적 노화를 알아보기 위한 질문입니다. 해당하는 곳에 V표 해주세요.

항목	전혀 그렇지 않다 1	대체로 그렇지 않다 2	보통 이다 3	대체로 그렇다 4	항상 그렇다 5
1. 알고 지내는 사람들과 좋은 관계를 가지고 있다.					
2. 몸을 움직이는 데 불편함이 없다.					
3. 마음을 터놓고 이야기할 사람이 있다.					
4. 앞으로의 삶에 대해 희망을 가지고 있다.					
5. 매일매일 할 일거리가 있다.					
6. 주변 사람들에게 필요한 사람이다.					
7. 나를 위해 무엇인가를 배우고 있다.					
8. 친인척들과 자주 어울린다.					
9. 죽기 전에 해야 할 일을 다 할 수 있을 것이다.					
10. 자식들의 도움 없이 생활할 수 있는 돈이 있다.					
11. 취미, 종교, 봉사 등 다양한 활동을 하고 있다.					
12. 나는 여러 종류의 친목 모임에 꾸준히 나가고 있다.					
13. 비슷한 환경이나 처지의 사람들과 서로 베풀며 산다.					
14. 내 자녀들은 사회적으로 출세하였다.					
15. 내가 필요할 때 자녀들은 물심양면으로 도와주고 있다.					
16. 자녀들이 건강하다.					
17. 자녀들이 결혼해서 화목하게 잘 살고 있다.					
18. 마음을 터놓고 이야기할 자식이 나를 돌봐준다.					
19. 내 자녀들에게 공부를 많이 시켰다.					
20. 자녀들이 경제적으로 걱정 없이 살고 있다.					
21. 자녀들과 자주 연락하거나 만나고 있다.					
22. 우리 부부는 서로를 이해한다.					
23. 우리 부부는 집안일을 서로 같이 한다.					
24. 우리 부부 모두 건강하다.					
25. 내 마음을 다스릴 수 있다.					
26. 몸이 허락하는 한 활동을 계속하고 싶다.					
27. 매일 규칙적인 생활을 한다.					
28. 건강을 위해 규칙적으로 생활한다.					
29. 살기 좋은 동네에서 살고 있다.					
30. 즐거운 마음으로 살고 있다.					

자료: 안계일(2008), 「노인의 여가활동과 여가만족 및 성공적 노화의 관계」, 경기대학교 일반대학원 박사학위논문.

사용방법
- 긍정적 노화에 대해서 이야기하는 시간을 가진다.
- 노화, 노년은 사회적·정서적 성숙의 관점에서 바라볼 필요가 있음에 대해서 논의한다.
- 노화란 인간의 성숙이며, 이는 계속되는 두뇌발달에 달려 있으므로, 이 부분에 대해서 자유롭게 이야기 할 수 있게 한다.

PART 2 기라성 전문 성 리더 양성단계

10

기라성 성교육
강사가 가야할 길

활동목표	1. 그룹을 만들어 강의 프레젠테이션 만들기를 통해 강사로서의 역할과 책임감을 부여한다. 2. 그동안 배운 것을 복습하면서 성교육에 대해 정리하는 시간을 갖는다. 3. 그룹의 리더를 정하여 앞으로 활동하게 될 전문강사의 역할을 확립한다.
회 기	10회기(90분)
준비물	필기도구, 프레젠테이션 교육자료, 강의안 만들기 워크지
한 발짝 다가서기	■ 이번 회기에서는 컴퓨터를 이용한 강의안을 쉽게 만들지 못 할 수도 있고, 시간이 부족함을 많이 호소할 수 있다. 그러므로 별도의 모임시간을 가져 정규 프로그램 시간을 제 시간에 맞출 수 있도록 한다. ■ 그룹별로 주제를 정하고 강의안을 만드는 일이 쉽지 않은 일이므로, 워커의 개입이 필요하다. 이에, 도움을 요청할 경우 적극적으로 지지하고 도움에 응한다. ■ 반드시 해당 그룹에서 전달하고자 하는 핵심 내용을 강조하고, 강사 외에도 나머지 그룹원들에게는 코치 역할을 해줌으로써, 강의안을 모두가 만들어 나갈 수 있도록 분위기 형성을 적극 유도한다.

활동과정	활동내용	시간(분)
도입	1) 가벼운 인사와 함께 참여자 확인을 한다. 2) 그룹을 구성하되, 부부는 원하면 같은 그룹에 포함시켜 총 4팀의 그룹으로 구성한다.	5분
전개	1) 그룹별로 강의 주제를 정한다. (30분) · 그동안 내용들을 토대로 각 그룹별 강의 주제를 정할 수 있도록 하기 · 주제가 겹칠 수 있으므로, 주제에 대한 조정의 시간이 필요하므로 충분한 시간을 제공하기 · 강의 주제는 그룹에서 소화할 수 있는 주제여야 하며, 이를 위해 그동안 배운 강의자료를 배포하기 2) 강의안을 검토하여 강의 프레젠테이션을 만든다. (50분) · 프레젠테이션 교육자료를 토대로 각 그룹별로 강사를 선출하기 · 주제별로 강의안을 만들되, 진행자는 강의안을 토대로 그 그룹에서 전달하고자 하는 핵심내용에 대한 내용들을 워크지를 통해 적어볼 수 있도록 하기 · 강의안이 확정된 그룹별로 진행자와 함께 검토의 시간을 가지며, 강의의 핵심내용, 우리가 전달하고자 하는 내용에 대한 콘텐츠를 확정 짓는 시간을 갖기	80분
마무리	1) 프로그램 후에 느낌을 공유하고, 다음 시간에 진행될 강의시연을 공지한 후 자유롭게 모임시간을 갖도록 권유한다.	5분

01 | 도입단계(5분)

1) 기라성 성교육 강사가 가야할 길에 대한 자세한 내용을 설명한다.
2) 자유로운 방법들로 그룹을 4팀으로 나눈다.
 ☞ 성교육 강사로서 역할이 가능한 노인을 중심으로 자유롭게 나눈다거나, 제한된 인원을 제시하여 그룹이 나눠질 수 있도록 유도한다.

| 그림 2-1 | 그룹 강의안 만들기 과정

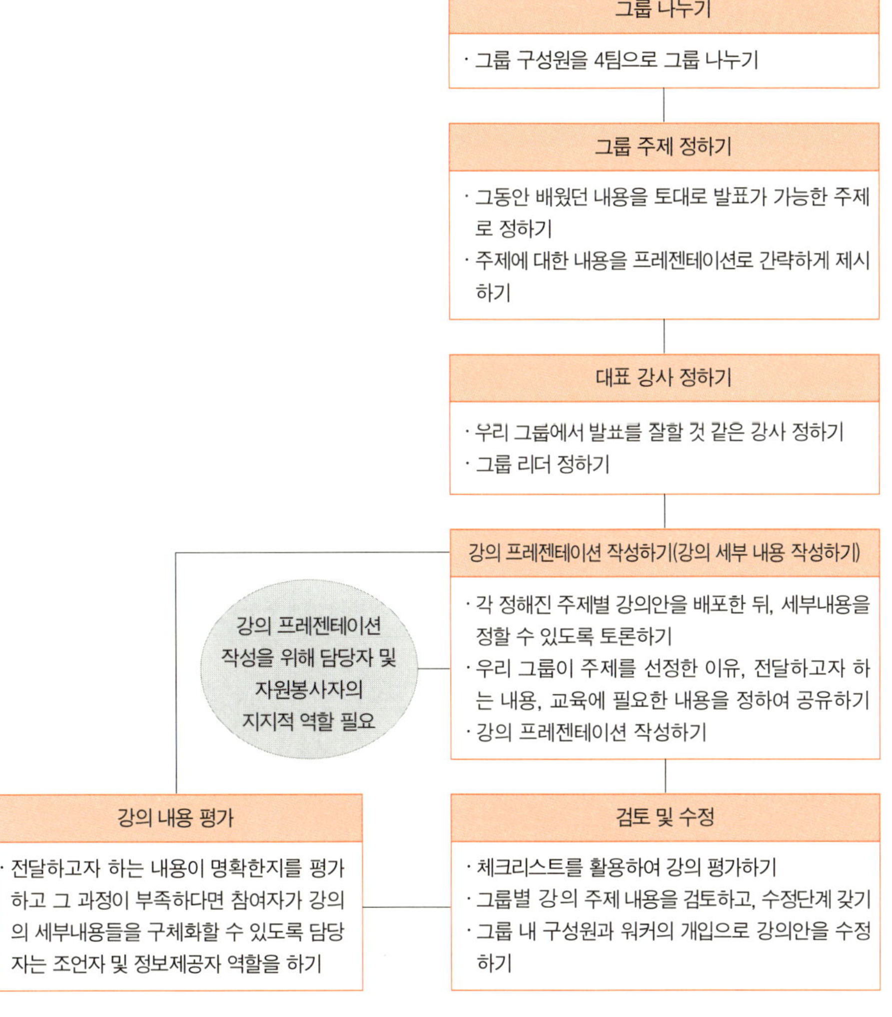

02 | 전개단계(80분)

1) 그룹별로 강의 주제를 정하도록 충분한 시간을 제공한다. 지금까지 배웠던 강의를 토대로 제목과 리스트를 제시한 뒤, 가급적이면 주제가 겹치지 않게 그룹의 특성을 살린 그룹별 주제가 나올 수 있도록 조정한다.

2) 강의 주제에 대한 기억을 더듬기 위해 프레젠테이션을 통해 강의 내용을 확인시켜주며, 그동안 배운 강의 내용을 정리하여 각 조별로 한 부씩 배포한다.

3) 전체 그룹을 총 4팀의 그룹으로 나눠서 강의 주제를 선정한다.

☞ 그룹별로 표준화된 강의안을 만든다. 이는 외부 성교육 진행 시 반복된 강의시연을 통해 전문 성교육 강사로서의 자질을 향상하는 데 중요한 도구가 된다.

• 주제는 성병예방, 매력있는 노년의 삶을 위한 양성평등, 기막히게 아름다운 노년의 성을 위한 주제로 노년기 성의 중요성과 노년기 성 인식에 대한 긍정적인 주제로 강의안을 만든다.

  - 1그룹 주제: 성병예방

　　　- 2그룹 주제: 매력있는 노년의 삶을 위하여 '양성평등'

　　　- 3그룹 주제: 기막히게 아름다운 노년의 성을 위하여 '노년기 성교육의 필요성'

　　　- 4그룹 주제: 기막히게 아름다운 노년의 성을 위하여 '노년기 성의 중요성'

4) 그룹별 강의에 적합한 리더(강사)를 정한다.

5) 강의안을 검토하고 각 그룹별로 강의 프레젠테이션을 만들 수 있도록 한다.

　　☞ 이때, 자원봉사자를 지원하여 참여자들이 힘들어하거나 당혹스러워하지 않게 보조적인 역할들을 할 수 있도록 한다.

6) 제시된 강의안을 그대로 따라 하기보다는 가감의 과정을 거쳐 전달하고자 하는 내용이 명확히 들어갈 수 있도록 하며, 강의안 수정작업 시간을 갖는다.

　　☞ 제한된 시간 안에 강의안을 작성하는 것에 있어서 매우 힘들어할 수 있으므로, 별도의 그룹 모임을 하거나 워커의 개입을 통해 토론 시간을 자유롭게 갖는 것이 중요하다.

　　☞ 완성된 강의안보다 참여자 스스로가 강의안의 흐름을 잡고, 계획을 세우고, 수정하는 과정에서 무엇을 전달할 것인지에 대한 과정이 이뤄지기 때문에 반복되는 모임과 수정의 시간을 통해 재미있는 강의안을 만들 수 있도록 해야 한다.

강의 프레젠테이션 만들기 Ⅱ

1. 참여자들이 강의를 직접 해야 하고, 강의를 듣는 대상자들도 노인이기 때문에 노-노 눈높이에 맞는 강의안을 만든다.
2. 노년의 성 중요성, 긍정적인 인식 제고를 위한 방법, 성병예방 방법, 행복하고 매력있는 노년기 생활을 위한 양성평등 방법 등 실질적인 교육을 통해 공감이 되는 주제를 선정한다.
3. 강의 시작 전 자기만의 소개방법, 닉네임을 만들어서 준비한다.
4. 강의 시간은 30~40분 정도 분배하고, 강의가 지루하지 않게 강의 중간에 유머나 일반상식 퀴즈도 함께 삽입하도록 유도한다.

기라성 강의 프레젠테이션 만드는 작업과정

1. 외부 성교육 진행을 위한 프레젠테이션 강의안 만드는 과정

1) 1단계

전문 성 리더자 양성 프로그램에서 배운 내용을 토대로 외부 성교육을 진행 시 교육을 듣는 사람들에게 꼭 전달하고자 하는 내용에 대한 리스트를 작성한다. 강의안 작성과 발표는 그룹별로 이루어진다.

2) 2단계

그룹별로 알맞은 강의 주제를 선정한다. 크게 두 가지 큰 틀에서 강의 주제를 선정하도록 하며, 강의안 작성, 그룹 특징에 맞춰 리더자들의 스타일대로 강의주제를 구성한다.

- 기막히게 아름다운 노년의 성을 위하여!
    - 노년의 성에 대한 개념, 노년기 성교육 프로그램 목적, 노년기 성생활과 성 인식, 노년기 성과 관련된 부부친밀감, 자아존중감, 생활만족도, 내가 생각하는 노인의 성, 노년기 성의 문제점 등
- 매력있는 노년의 삶을 위하여!
    - 양성평등 개념과 유형, 노년기의 성역할과 고정관념, 성인지적 관점, 남녀 차이와 차별 등

3) 3단계

노인 전문 성 리더자들이 주제에 맞는 자신만의 언어로 프레젠테이션 구성 및 강의 자료를 만든다.

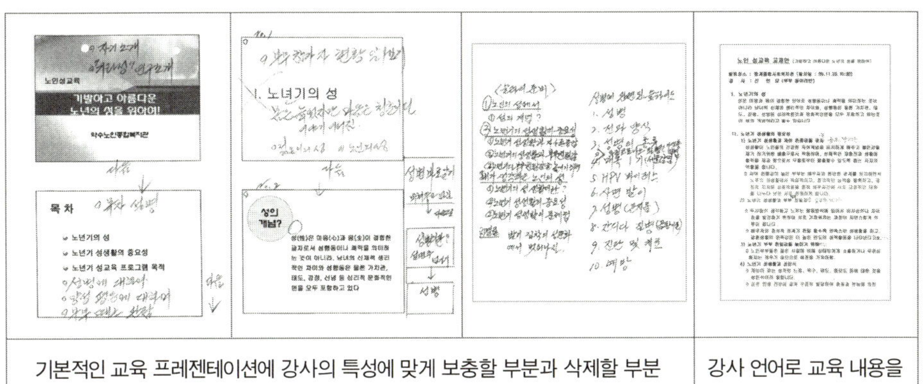

기본적인 교육 프레젠테이션에 강사의 특성에 맞게 보충할 부분과 삭제할 부분을 정리한다.	강사 언어로 교육 내용을 정리한다.

3) 4단계

완성된 강의 프레젠테이션을 활용하여 강의시연을 진행한다. 강의시연 후, 교육생, 워커, 강사의 평가를 통해서 강의안을 보충한다.

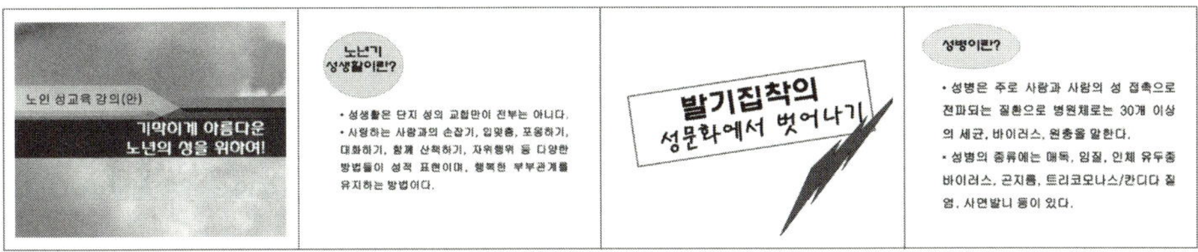

※ 완성된 강의안은 부록을 참고하세요.

Talk Talk!

03 │ 마무리단계(5분)

1) 프로그램 후에 느낌을 공유하고, 강의안에 대해 다음 시간에 진행될 강의시연을 공지한 후 자유롭게 모임시간을 갖도록 권유하고, 프로그램을 마무리한다.
   ☞ 그룹 강의안 만들기 과정에서 힘들어 하는 그룹과 쉽게 받아들이는 그룹 등 다양한 모습들이 나올 것이다. 그러나 중요한 것은 이 과정을 통해 얻고자 하는 목표를 다시 한번 인식시키고, 자유로운 모임시간을 권유하여 그룹 내에서 원하는 강의안이 만들어지기를 권장하며 시간을 마무리한다.

클라이언트

- 앞서 진행된 프로그램을 리뷰하면서, 우리가 많은 것을 함께 해왔구나, 시간이 이렇게 잘 가다니, 부부가 함께해서 너무 좋은 시간이었다.
- 막상 강의안을 준비하니 걱정도 되고 떨린다.
- 교육 대상자에 따라 강의가 달라야 하는데, 어떤 눈높이에 맞춰 강의안을 만들어야 하고, 준비해야 하는지 고민이다.
- 1~10회기까지 전문 성 리더 양성 프로그램에 참여하면서 노년의 성에 대한 중요성뿐만 아니라, 마음속에 느낀 것을 여러 사람들에게 전해주고 싶은데, 이것을 어떻게 정리해야 하는지…. 마음을 직접 보여 줄 수 없으니, 나만의 언어로 강의안을 준비하니 어렵다.
- 우리가 미처 배우지 못한 노년의 사랑 표현법, 신뢰, 양성평등 등 실질적으로 와 닿는 강의안을 만들어서 공감되는 강의를 진행하고 싶다.
- 노년의 성이 왜 중요한지? 필요성에 대해서만 알릴 수 있어도 성공한 것 같다. 이 부분에 대한 강의안을 철저히 준비해서 강의시연을 해야겠다.

워커

- 전문 성 리더 역할을 숙지하고, 강의 방법 및 자기소개 하는 방법, 자신만의 교수법을 개발하는 교육 시간이었습니다. 참여자들의 별칭을 지으면서 전문 성 리더로서의 역할을 유머와 함께 노년의 성에 대해 강의시연하는 모습이 인상 깊었다. 노년의 성교육에 대해 처음에는 낯설어 했지만 강의시연하는 모습을 보면서 "많은 변화가 있었구나"라는 생각이 들었다.
- 여성 참여자들은 성교육을 진행하는 것에 대해 남성 참여자들에 비해 적극적이지 못한 모습을 보였다.
- 노년의 성의 중요성, 양성평등, 성병에 대한 소주제 중 외부 성교육 시 진행하고 싶은 주제를 선택하여 강의시연 연습에 적극적으로 참여하였다.
- 강의 초안을 가지고, 그룹별로 필요한 부분을 체크하여, 교안을 만들면서 참여자들은 상기된 모습을 보였다.
- 강의시연이 끝나고, 교수법, 목소리 크기, 얼굴 표정, 전하고 싶은 내용을 또박또박 말하는 연습, 주제에 맞는 교육 진행을 통해 강사에게 피드백을 받을 때 아주 집중하는 모습을 보였다.

강사

- 이번 교육을 통해 그동안 기라성 프로그램에 대한 정리를 할 수 있었고, 강의시연을 통해 앞으로 성교육 강사로서 현장에서 강의를 할 수 있도록 실습하는 시간을 가졌다. 남성 참여자들은 적극적으로 참여했지만, 여성 참여자들은 소극적인 모습을 보여서 아쉬움이 남는다.

슈퍼바이저

- 강의안을 만들어가는 일은 쉬운 일은 아닙니다. 담당 워커는 모든 강의안을 검토하고 함께 토의하는 자세

로 임해야 할 것입니다. 단, 원하는 방향대로 쫓아오지 못한다거나 따르지 못할 경우가 있으니, 노인의 특성을 잘 이해하여 친절한 자세로 교육에 임해야 합니다. 그리고 부족한 강의안이라 하더라도 노인 전문 성리더에게 강의안을 실제로 적어보게 함으로써 보다 전문가다운 면모를 갖춰보게 하는 것도 좋을 것입니다. 멋진 강의안과 강사가 되길 기대해봅니다.

차기계획

- 강의 시안 연습하기 및 피드백 회의 진행

강의그룹 정하기 및 강의내용 체크리스트

1. 우리 그룹의 구성인원을 적어주세요.

2. 우리 그룹을 대표할 강사는 누구인가요?

3. 우리가 하고자 하는 강의안의 주제는 무엇인가요?

4. 이 강의안에서 우리가 전달했으면 하는 주제를 요약해서 한 줄로 작성해주세요.

5. 강의안 내용 체크리스트

질문	예	아니오
구성원의 모든 의견이 종합적으로 들어가 있는가?		
우리 그룹이 하고 싶은 강의안 주제를 선택했는가?		
새로 구성된 강의안을 통해 우리의 주제를 이해할 수 있는가?		
우리가 전달했으면 하는 내용이 이 강의안에 포함되어 있는가?		
이 강의안을 통해 또래 노인들이 쉽게 이해할 수 있는가?		
강의 시간은 적절한가?		
강의 프레젠테이션 발표자료는 적절한가?		
강의는 지루하지 않은가?		
전문 강사가 모든 내용을 이해하고 발표하는가?		
전문 노인 성교육 강의안으로서 부족함은 없는가?		

사용방법
- 그룹별로 서기를 정하여 위에 체크리스트를 작성한다.
- 각 문항별로 질문에 대한 답을 그룹이 답하고 체크하면서 강사도 정하고, 주제도 정하면서 강의안에서 전달해야 하는 부분에 대한 명확함이 드러날 수 있도록 한다. 이 체크리스트는 꼭 제한된 시간 안에 작성하지 않아도 되며, 그룹 주제와 강의안 수정이 완성될 때까지 작성하여 제출토록 한다.

11

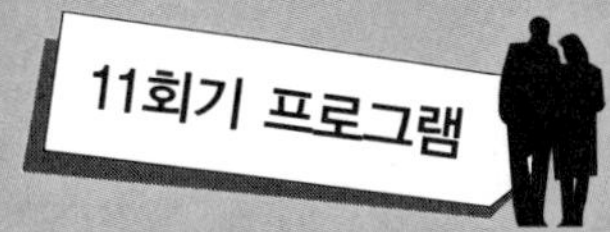

강의시연

활동목표	1. 강의시연을 통해 기라성 성교육 강사로서의 자질을 향상시키고자 한다.
	2. 강의 내용을 다른 사람들에게 잘 전달하는지 강의 진행 사항을 체크하도록 한다.
	3. 강의시연을 통해 외부 성교육 진행 시 필요한 부분을 수정 및 보완하도록 한다.
회 기	11회기(90분)
준비물	필기도구, 프레젠테이션 교육자료
한 발짝 다가서기	■ 이번 회기에서는 완벽한 강의안과 시연이라기보다는 외부로 나가기 전에 연습임을 강조하여 부담감을 줄일 필요가 있다. 잘 훈련된 프로 강사들이 아님으로 각 강사의 특성에 맞는 강의 스타일을 잘 살릴 수 있도록 유도하고 지지한다.
	■ 특히 평가 시간에는 강의에 대한 긍정적인 부분을 강조함으로써 강의에 대한 동기 부여를 해줄 필요가 있으며, 강사 개개인의 소감도 들어봄으로써 서로 소통하는 시간을 갖도록 한다.

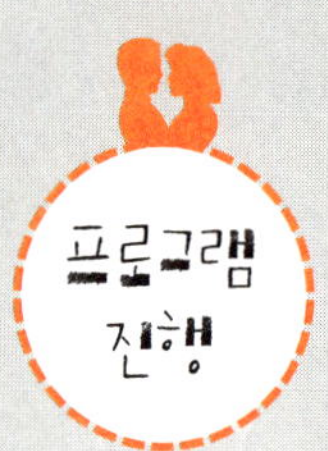

활동과정	활동내용	시간(분)
도입	1) 가벼운 인사와 함께 참여자 확인을 한다. 2) 총 4팀 그룹의 강사가 발표할 주제와 내용을 검토하며 참여자들에게 평가할 것을 요청한 뒤, 바로 강의시연에 들어간다.	5분
전개	1) 그룹별 리더가 강의를 진행한다. (70분) · 4개 그룹이 강의 진행하는 시간 갖기(그룹별 강의 진행 소요 시간: 약 15~20분) · 참여자들과 슈퍼바이저, 워커 등은 조별로 발표하는 내용을 잘 메모해 평가시간에 조언해주기	70분
마무리	1) 강의 진행 이후에 참여자들, 슈퍼바이저, 워커 등은 강의 진행에 대해 토론을 한다. 2) 평가할 때는 부정적인 시각이나, 비판 위주의 조언을 금지하며, 진행자는 조정자의 역할을 하며 토론을 이어가야 한다. 3) 다소 위축되어 외부 강의를 나가고 싶지 않을 수도 있으므로, 긍정적인 지지와 부족한 부분에 대한 조언들을 적절하게 평가하여 긍정적 분위기를 유도한다.	15분

01 | 도입단계(5분)

1) 가벼운 인사와 함께 금일 진행되는 4개 그룹의 강의와 강사를 소개한다. 나머지 구성원들은 경청하여 좋은 평가를 해 줄 것을 요청하며 바로 강의시연에 들어간다.

02 | 전개단계(70분)

1) 그룹별로 약 15~20분 정도의 강의시연을 진행한다.
2) 프로그램에 참여하는 워커, 슈퍼바이저, 자원봉사자와 참여자들에게 강의에 대해 경청하고 부족한 부분을 메모해 평가시간을 피드백을 줄 수 있도록 안내한다.
3) 사회자는 강의시연 전에 강사에게는 실제 강의를 나가는 것처럼 가정 하에 진행할 것을 권유하며, 청중들 또한 같은 상황 하에 청강할 것을 권유한다.

> **TIP**
>
> **노년기 강사로서의 역할**
>
> **1. 시청각 자료를 활용하라!**
> 노년기에는 새로운 정보습득에 있어 매우 늦은 편이다. 그럼으로 일반 전문강사로서의 자질을 요구하는 것은 다소 무리가 될 수 있으므로, 시청각 자료를 활용하여 일반 강사의 강의시연 방법을 보여주면서 연습을 활용하는 것도 좋다.
>
> **2. 자원봉사자를 이용하라!**
> 컴퓨터 활용능력이 원활하지 않은 어르신들이 많은 관계로, 프레젠테이션 강의자료를 편집하는 과정에 있어, 강의원고 자료를 검토하고 강사가 선택한 자료들만 편집할 수 있도록 자원봉사자를 활용하여 도움을 주어야 한다.
>
> **3. 강사 개인이 원고를 직접 쓰게 하라!**
> 강사 개인이 직접 작성한 강의원고를 반드시 쓰게 해야 한다. 그러면 전체적인 흐름을 강사가 충분히 알 수 있고, 핵심내용이 전달되었는지 혹은 부족한 부분이 없는지 체크할 수도 있으며, 이를 통해 강의 연습이 반복적으로 이뤄질 수 있다.
>
> **4. 쉬운 단어를 선택하게 하라!**
> 강의 청중은 노인이기 때문에 이해하기 쉬운 단어를 선택하도록 해야 한다. 그래야 강의에 대한 이

해도가 높을 뿐만 아니라, 성교육 강의를 보다 쉽게 접근할 수 있다.

5. 유머, 제스쳐를 활용하라!
강사 개인의 에피소드, 유머가 담긴 멘트를 적절하게 사용하고, 강의할 경우 경직된 자세보다는 자연스러운 제스쳐를 통해 청중을 집중시킬 수 있도록 권유하는 것이 성공적인 노년의 강의를 이루기 위한 밑거름이 될 것이나.

03 | 마무리단계(15분)

1) 청강자들은 각 주제별로 한 사람씩 평가와 토론의 시간을 갖는다. 이때, 주의해야 하는 것은 외적인 모습 혹은 부정적인 시각에서만 접근하는 것이 아닌, 더 나은 모습으로의 발전 가능한 부분을 강조하여 피드백을 주고받도록 사회자가 조정하는 것이 필요하다.

2) 반드시, 평가 후에는 워커의 주도 하에 강사에게 긍정적 지지를 제공하여 자신감을 부여한다. 서로에게 박수를 보내며 프로그램을 마무리한다.

TIP

워커의 노인강사 훈련

1. 강사의 조력자가 될 것~!
긴장하고 두렵기 마련인 강의시연이 될 수 있으므로, 발표 전에 별도의 시간을 마련하여 강의를 연습하며 수정하고 보완하는 조력자의 역할이 필요하다.

2. 강사를 비판하지 말 것~!
원 강의안보다 훨씬 미흡한 강의안이 나왔다거나, 강의시간이 매우 길어 지루할 수 있으나, 청중도 강사도 노인임을 잊지 않아야 하며, 이러한 시도조차가 큰 용기가 필요함을 항상 상기시키며 지도하고 조언해줘야 한다.

3. 강사의 편의를 항상 들어줄 것~!
전문 강사가 아닌 훈련되어진 아마추어 강사이므로 강의를 하는데 있어 여러 가지가 불편할 것이다. 부족한 자료를 요구할 수도 있으며, 프레젠테이션 내용을 새로 삽입할 수도 있다. 강사가 강의를 가장 편하게 쉽게 할 수 있도록 항상 강사의 입장에 서서 편의를 들어줌으로써 강사의 자존감을 유지시켜줄 필요가 있다.

클라이언트

- 노년의 성에 대한 주제로 강의를 해보니 너무 떨렸다.
- 나만의 인사방법, 닉네임으로 주의시선을 끌어서 기분 좋게 강의를 시작할 수 있어서 좋았다.
- 노-노의 눈높이에 맞는 강의를 진행하고 있나? 잘 이해하고 공감하고 있는지 잘 모르겠다.
- 내가 강의를 진행하다니, 처음 해봐서 걱정을 많이 했는데, 친구들한테 이야기하는 것처럼 강의도 하고 좋은 경험이었다.
- 강의 시간이 정신없이 지나갔다. 마지막 인사를 할 때 그제야 정신이 들어, 내가 잘 했는지 모르겠다.
- 늙어서 노년의 성에 대한 중요성, 필요성에 대해서 강의도 하고 새로운 역할과 배움이 있어서 보람된 하루였다.
- 우리가 전문 성 리더 양성 프로그램을 통해서 우리만 아는 게 아니라, 다른 사람에게 교육하고, 좋은 것을 알릴 수 있는 기회가 되어서 뜻 깊은 시간이었다.
- 지루한 강의보다는 재미있고, 실생활에 필요한 부분을 다시 체크해서 강의시연 연습을 많이 해야겠다.

워커

- 전반적으로 강의를 잘 해주셨다. 강사 인사부분과 강의내용이 알차게 꾸며졌지만, 노년의 특성상 핵심적인 부분을 공략하지 못한 점과 에피소드보다는 자신이 알고 있는 지식만 이야기 하는 경향이 많았다. 한 참여자는 지난 시연 때보다 평소 실력을 한껏 뽐내지 못한 아쉬움도 남겼다. 전반적으로 강사들이 유머나, 주변의 에피소드를 적절하게 성 이론과 함께 접한다면 좋은 강의가 될 수 있을 것으로 사료되며, 앞으로 강의에 대한 슈퍼비전과 연구 모임을 통해 노인의 눈높이에 맞는 성교육 자료를 정리할 필요성을 느꼈다.

슈퍼바이저

- 강의시연을 통해서 강사 개인은 장단점을 발견할 수 있는 계기가 되었을 것이고, 그 외에 그룹들에게는 긍정적인 노인의 상을 보여주는 계기가 되었다고 생각합니다. 외부 강사활동이 적극적으로 이루어짐으로써 보다 많은 노인 강사가 배출되어 지역사회에 적극적인 노년의 삶을 보여줄 수 있는 기회의 장으로 활용했으면 합니다. 추후에 활발한 자조모임을 통해서 노년의 성에 대한 공부를 하고 서로 토론을 할 수 있는 커뮤니티 구성이 잘 진행되어야 합니다.

차기계획

- 자조모임을 통해 강의안 및 교육 시연을 꾸준히 준비하여 외부 교육을 할 예정, 수료식 진행

강의시연, 강사 평가 체크 리스트

구분	평가항목	1	2	3	4	5
1	노인의 성에 대한 중요성에 대한 이해					
2	노인의 긍정적인 성 인식 제고에 대한 이해					
3	말의 속도					
4	교육 전달력					
5	교육을 듣는 수강생의 호응도					

사용방법
- 강의시연 후, 강사평가를 할 수 있는 체크리스트를 강의를 듣는 사람들에게 배포하여, 체크할 수 있도록 한다.
- 긍정적인 답일수록 높은 점수를 부여하며, 이는 어떤 평가의 도구이기보다는 추후에 강사에게 조언해줄 때, 어느 부분이 부족한지 보완점을 찾기 위함이다.

12

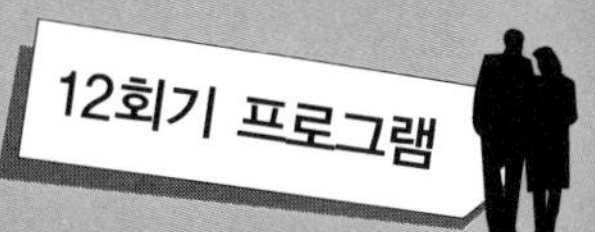

수료식 진행

활동목표	1. 12회기 교육을 이수한 참여자를 대상으로 수료식을 통해 긍정적인 지지적 보상체계를 마련한다. 2. 기라성 전문 성 리더 양성 프로그램에 대한 전반적인 평가를 실시한다.
회 기	12회기(90분)
준비물	필기도구, 프레젠테이션 교육자료, 상장, 선물, 사진기
한 발짝 다가서기	■ 수료식은 전문 성 리더 양성 프로그램에 유종의 미를 거둘 수 있는 과정이다. 이를 통해 전문 성 리더로서 역할을 수행할 수 있는 인증과 역할 인식을 심어줄 수 있기 때문이다. ■ 수료식 때 참여자들과 기관 관계자들만 참여하는 것이 아니라, 복지관 일반 이용자들도 참여하여 성과물을 보여주는 것도 효과적이다. ■ 12회기를 보내며 참여자들의 소감이나 느낌들을 나누는 시간도 매우 중요하다. 장단점을 발표하면서 워커는 차기 2기 프로그램 진행 시 좋은 참고자료가 되도록 한다. ■ 수료식 졸업사진을 단체와 커플별로 찍게 하여 좋은 추억을 남길 수 있도록 하며, 추후에 사진을 인화하여 나눠주도록 한다.

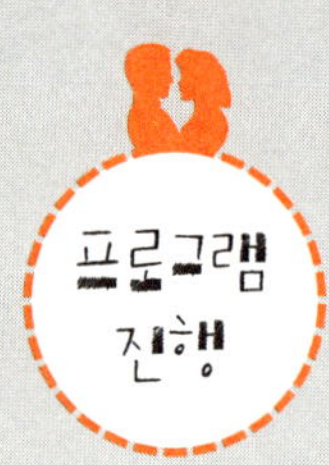

활동과정	활동내용	시간(분)
도입	1) 가벼운 인사와 함께 참여자를 확인한다. 2) 금일 프로그램 일정에 대해 소개한 뒤, 곧바로 수료식을 진행한다.	5분
전개	1) 기라성 프로그램 교육 수료식을 진행한다. (30분) · 출석률 70% 이상을 달성한 참여자에게 수료증을 교부하기 · 출석률 100% 참여자에게는 개근상을, 또한 적극적인 참여자에게는 베스트 커플상, MVP, 공로상 등을 수여함으로써 모든 참여자들에게 긍정적 보상체계를 마련하기 · 또한 어려운 과정을 성실하게 수행한 모든 이들에게 박수를 보내며, 성취감과 만족감을 가질 수 있도록 하기 2) 전문 성 리더 양성 프로그램에 대해 전반적으로 평가한다. (30분) · 프로그램 사후검사(부부친밀감, 성 인식, 성생활 만족감, 자아존중감, 생활만족도)를 실시하기 · 전문 성 리더 양성 교육 프로그램에 대한 전반적인 만족도 평가도 함께 병행하기	60분
마무리	1) 기관장, 강사, 슈퍼바이저, 워커 등 프로그램에 참여한 사람들에 간단한 감사 인사를 전하고, 지지 발언의 기회를 주어 참여자들이 그동안 노력한 성과에 대해 되새길 수 있도록 한다. 2) 참여자들도 모두 소감 발표를 하면서 느낌을 공유한다. 3) 향후 일정과 워크숍 등의 일정을 안내하면서 외부 강의와 노년기 성의 인식 개선 활동을 강조하며 다시 한번 동기 부여 강조의 시간을 갖는다. · 간단한 다과 혹은 식사장소를 마련하여 적절한 보상체계를 마련하기	25분

01 | 도입단계(5분)

1) 가벼운 인사와 함께 수료식 프로그램 소개를 한다.
2) 수료식 일정을 소개한다.

02 | 전개단계(60분)

1) 전문 성 리더 양성 프로그램(12회기) 출석률이 70% 이상인 참여자들에게 수료증을 배
   포한다.
2) 출석률이 100%인 참여자들에게는 개근상을 수여하고, 프로그램에 적극적으로 참여한
   참여자들은 베스트 커플상, MVP, 공로상을 수여하여 긍정적인 보상체계를 마련한다.
   ☞ 전문 성 리더 양성 프로그램에 참여한 모든 참여자들에게 박수를 보내며, 성취감과
      만족감을 느낄 수 있도록 한다.
3) 전문 성 리더 양성 단계인 12회 프로그램에 대한 평가를 진행한다.
   • 사후검사 설문지를 배포하여, 개별적으로 작성하도록 한다.
   • 기라성 프로그램 만족도를 평가한다.

03 | 마무리단계(25분)

1) 기관장, 강사, 슈퍼바이저, 워커 등 프로그램 참여자들에게 감사의 인사를 전하며, 전문
   성 리더로서의 역할에 대한 중요성을 인지할 수 있도록 한다.
2) 프로그램에 참여한 어르신들의 소감을 발표하여, 프로그램 의의에 대해서 다시 한번 점검
   한다.
3) 향후 일정 외부 성교육 진행 및 리더십 강화 워크숍 일정에 대해서 안내한다.
4) 수료식이 끝난 후, 간단한 다과와 식사 안내를 통해서 보상체계를 가진다.

클라이언트

- 3개월이라는 시간이 어찌 갔는지 모를 정도로 처음엔 낯설고 어렵기만 하더니, 지금은 이런 상장도 받고 매우 뿌듯합니다.
- 노년의 성이 이렇게 중요하다고 생각해본 적이 없는데, 기라성 프로그램에 참여하고 교육도 받고 나니 참 신기하고, 보람되었습니다.
- 수료식에 참여하여, 노년의 성에 대해서 우리가 많이 변화되고, 이를 통해 지역사회에 노인들에게 교육을 진행한다고 생각하니, 책임이 막중하다고 생각합니다. 수료식을 밑바탕으로 자조모임을 통해서 강의안을 개발하고, 지역사회 노인들에게 노년의 성에 대해 알려주기 위해 열심히 활동하겠습니다.

워커

- 전문 성 리더 양성이라는 어려운 과제를 통해 이렇게 12회기라는 시간을 보내게 되어 매우 뜻깊게 생각합니다. 리더 양성자들을 동원하여 지역사회의 노인들에게 좋은 교육이 될 수 있도록 노인들의 눈높이에 맞는 강의안 개발, 리더들의 역량강화에 힘쓰겠습니다.
- 처음에 참여자들을 대상으로 성 관련 프로그램을 진행하면서 거부감도 많았고, 프로그램이 다소 낯설어 프로그램 진행이 쉽지 않을 것이라고 예상하였습니다. 참여자들의 초기 저항과 강사와의 의견 충돌 등 다양한 변수들이 있었지만 어르신들의 일방적인 교육이 아닌 공감하고 소통하고 체험하는 노년의 성교육을 통해서 이를 바탕으로 지역사회에 노인들에게 노-노의 눈높이에 맞춰 노년의 성 중요성과 긍정적인 인식 제고를 위한 전문 성 리더들의 역할을 잘 수행하였으면 하는 바람입니다.

강사

- 수료식을 마치며 참여자들의 행복하고 즐거워하는 모습의 강의의 보람을 느꼈습니다. 이후에도 더욱 더 많은 노인들에게 쉽게 접근할 수 있는 강의를 해야겠다는 다짐하며, 처음과 달리 보다 적극적이고 활동적인 모습에 감동받은 시간이었습니다.

슈퍼바이저

- 어느덧 3개월이라는 시간이 흘러 수료식을 진행하였습니다. 수료식은 또 하나의 새로운 시작을 알리는 것과 마찬가지입니다. 이에, 많은 지역사회 자원을 발굴하여 우리가 이루고자 하는 노인의 성 중요성 인식에 더욱 더 박차를 가해야 할 때라고 생각하며, 기관에서도 많은 홍보를 통해 이 활동을 적극 지지할 계획입니다. 그동안 수고한 참여자들에게 박수를 보내며, 지지하고 격려한 강사와 워커에게 수고했다는 말을 전하고 싶습니다.

차기계획

- 전문 성 리더들의 역량강화를 위한 워크숍 진행

제 ○○○-○○○ 호

수 료 증

성 명 :

위 사람은 ＿＿＿＿＿＿＿에서 실시한 '전문 성 리더 양성프로그램'을 수료하였으므로 이 증서를 수여합니다.

년　월　일

○○노인종합복지관장 **대 표 자**

제 ○○○-○○○ 호

공 로 상

성 명 :

위 사람은 '**기라성**' 프로그램에 적극적인 참여로 집단의 분위기를 주도적으로 이끌어주셨기에 이 공로상을 수여합니다.

년　월　일

○○노인종합복지관장 **대 표 자**

제 ○○○-○○○ 호

베스트 커플상

성 명 :

위 부부는 '**기라성**' 프로그램에 적극적인 참여로 집단의 분위기를 주도적으로 이끌어주셨고, 타의 모범이 되었기에 이 상을 수여합니다.

년   월   일

○○노인종합복지관장 **대 표 자**

제 ○○○-○○○ 호

MVP 상

성 명 :

　위 사람은 '**기라성**' 프로그램에서 적극적 참여로 집단의 분위기를 주도적으로 이끌어주셨고, 기라성 프로그램을 가장 잘 수행하셨기에 이 상을 수여합니다.

년　월　일

○○노인종합복지관장 **대 표 자**

13

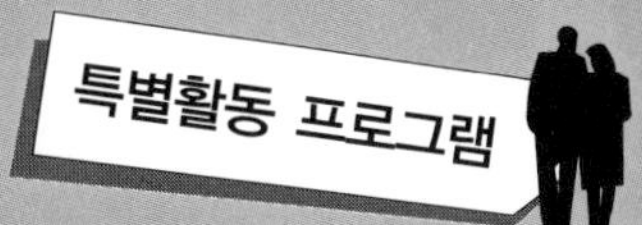

전문 성 리더
역량강화 워크숍

활동목표	1. 기라성 리더십 강화 워크숍을 통해 전문 성 리더의 역할인식을 확립하는 기회를 갖는다. 2. 워크숍 리더십 프로그램을 통해 집단 응집력을 강화하고자 한다. 3. 워크숍은 추후 외부 교육활동 및 지역사회 활동에 긍정적인 영향을 미칠 수 있다.
회 기	역량강화 워크숍(1박 2일)
준비물	활동 워크지, 필기도구, 프레젠테이션, 기타 1박 2일에 필요한 소요 물품
한 발짝 다가서기	■ 워크숍을 정보 제공 위주의 프로그램으로 진행하면 지루하고 집중도가 낮아질 수 있으므로, 운동과 게임 등의 시간을 가짐으로써 외부 신체 활동을 통해 적극성을 유도한다. ■ 저녁식사 이후에는 다소 분위기가 와해될 수 있으므로 집중도를 요하는 프로그램은 낮 시간에 진행하도록 한다. ■ 토론진행 시 다소 남녀의 차이로 인해 다툼이 될수 있으므로, 진행자는 중재자의 역할을 잘 수행해야 한다.

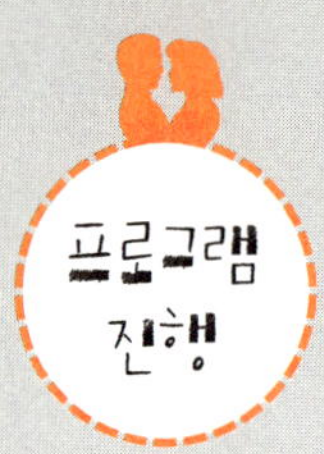

활동과정	활동내용	시간(분)
도입	1) 워크숍 장소로 이동하여 개회를 선언한다. 워크숍 일정 소개 후 방배정을 한 뒤, 집합장소로 모이도록 공지한다.	
전개	1) 프로그램을 진행하기 앞서 사전검사에 대해 소개하고, 검사를 실시한다. 2) 외부 전문 성교육을 강의한다. · 노인의 건강한 노후, 행복한 노후를 위한 제언하기 · 외부 전문 성교육을 위한 강사로서의 자질 등을 교육하기 3) 강의시연을 진행한다. ☞ 워크숍을 통해 이루고자 하는 목표를 정확히 하기 위한 대표 강의시연의 시간이 필요하다. · '매력있는 노년의 삶을 위하여'라는 주제로 전문 성 리더의 강의시연 진행하기 4) 기라성 프로그램의 향후 방향성을 논의한다. · 자조모임 활성화, 전문 성 리더들의 외부 강의를 위한 준비작업 등에 대해 토론하기 5) 노년기 이성친구에게 혹은 배우자에게 바라는 점이라는 주제로 남녀 그룹 토의를 진행한다. · 남녀 그룹으로 나눠 토론을 진행하기 · 남녀 그룹이 다시 모여, 그룹 토의에서 나왔던 이야기를 각 대표자들이 발표하기	1박 2일
마무리	1) 성 리더 역할 인식과 응집력 강화 사후검사를 실시하고, 워크숍 전체 만족도 조사를 진행한다. 2) 모든 프로그램들에 대한 평가 시간을 갖고, 이후 활동들에 대해 안내하며, 이를 위한 단합을 도모한다.	

01 | 도입단계

1) 인원 체크 후, 개회를 선언하며, 워크숍 일정을 간략히 소개한 뒤, 방을 배정하고 다음 프로그램을 진행한다.

02 | 전개단계

1) 사후검사에 대한 필요성을 설명한 후 검사를 실시한다.
  - 성 리더 역할 인식
    - 전문 성 리더 양성 프로그램 수료식 이후 전문 성 리더의 역할 인식을 통해 외부 성 교육 진행의 효과성을 높이고자 한다.
    - 외부 성 교육 진행을 위한 강사의 역할에 대한 인식의 변화를 통해 워크숍의 효과성을 검증한다.
    - 외부 성 교육자의 역할, 캠페인 활동의 주요한 역할 인식을 통해서 지역사회에 노인의 긍정적 성 인식 제고를 위한다.
  - 응집력 강화
    - 리더십 강화 및 역량강화 워크숍을 통해서 집단 응집력을 강화하여, 소속감 증진 및 역할 인식을 고취한다. 팀별로 활동하는 리더들은 응집력 강화를 통해서 향후 진행될 외부 성 교육 및 캠페인 활동을 적극적인 참여를 유도할 수 있다.
    - 집단 친밀감과 응집력 강화를 통해서 집단 내 긍정적인 시너지 작용을 통해 프로그램을 효과성을 극대화시킬 수 있다.
2) 외부 전문 성교육 강의를 듣는다.
  - ☞ 강의 진행은 외부에서 초빙하여 성교육을 듣는 이유로는 노인의 건강한 노후뿐만 아니라 향후 진행되어지는 외부 성교육 강사로서의 자질과 강의 핵심 전달 내용 노하우 등을 교육받기 위함이다.
3) 외부 강의 내용에 대한 깊은 토론을 준비하는 단계로서 1~2팀 정도 강의시연을 진행하도록 한다.

4) 잠깐의 휴식시간을 갖고, 기라성 프로그램의 향후 방향성을 논의한다.

5) 노년기 이성친구에게 혹은 배우자에게 바라는 점이라는 주제로 남녀 그룹별 토의를 진행한다. 토의 이후에는 각 그룹별 리더들의 발표 시간을 갖는다.

- 남성과 여성 그룹별 토의되었던 내용을 가지고 전체가 모여 집단토의를 진행하며, 사회자는 중재자의 역할을 중심으로 토의를 진행한다.
- 남성이 바라는 여성의 모습, 여성이 바라는 남성의 모습 등에 대해 자유롭게 이야기 나누며 서로에게 필요한 부분들이 어떤 부분들인지 체크하는 시간을 갖는다.

03 | 마무리단계

1) 성 리더 역할 인식과 응집력 강화 사후검사를 실시하여 사전검사와 비교 분석한다. 더불어 워크숍 전체에 대한 전반적인 만족도 조사를 실시한다.

- 워크숍 만족도
  - 전문 성 리더 역할인식, 외부 전문가 내부 교육, 남녀 노년의 성에 대한 토론 등 전반적인 워크숍 만족도를 조사한다.

2) 모든 프로그램들에 대한 평가의 시간을 갖고 열심히 참여한 참여자들에게 서로를 격려하며 단체사진 등을 찍으며 워크숍 일정을 마무리한다.

04 | 워크숍

1) 워크숍 담당자의 역할

(1) 프로그램 기획자

담당자는 워크숍의 장소, 구성인원, 구성 프로그램, 외부 강사 섭외 등 전반적인 상황들을 기획해야 한다. 그러기 위해 다른 워크숍 자료들을 참고하여 벤치마킹할 필요가 있으며, 참여자들의 특징과 의견을 감안하여 식사제공과 숙소가 불편하지 않은 장소를 물색하여 워크숍 장소를 정하였다. 또한, 토론과 강의 프로그램 등을 고려하여 이와 관련된 장소를 중점적으로 라운딩 했으며, 프로그램 구성과 외부 강사진도 논의 후에 섭외하였다.

(2) 토론의 중재자 및 진행자

프로그램 구성을 보면, 토론이 많은 부분을 차지하고 있다. 이에, 담당자에게 무엇보다 필요한 기술은 토론을 진행하고 마무리하며, 논쟁이 펼쳐질 경우 중재할 수 있는 역할들이 중요하다. 이에, 토론에 대한 개념, 결론이 나는 것이 토론이 아니라는 부분을 강조하면서, 각자의 의견에 대해 수긍하고, 존중할 수 있는 기술들을 진행자는 인식시켜야 하고 강조해야 한다.

TIP

워크숍 준비

1. 장소의 적합성
담당자의 수준, 혹은 인터넷에 유명한 관광지를 선택하기보다는 노인의 특성에 맞고 참여자가 좋아할 만한 장소를 선택하는 것이 무엇보다 중요하다. 이에, 모임을 통해 사전 장소에 대한 조사를 실시한다거나, 몇 가지 안을 가지고 선택하여 그들이 원하는 곳으로 선정했다는 인식을 심어주는 것은 구성원들로 하여금 긍정적인 신뢰감을 형성할 수 있는 좋은 계기가 된다.

2. 레크리에이션과의 적절한 조화
워크숍이라는 단어가 다소 생소할 수 있기 때문에, 여행 혹은 관광 등 재미와 흥미를 유발할 수 있도록 프로그램 명을 선정해야 한다. 그리고 워크숍 자체가 다소 지루하여 집중도를 쉽게 떨어뜨릴 수 있기 때문에, 레크리에이션, 체육, 관광 등 적절한 흥미 요소들을 조화롭게 배치해야 한다. 이는, 토론과 흥미를 적절히 안배할 때, 의견에 대한 조율과 집중력의 시너지효과를 일으킬 수 있기 때문이다.

3. 제2의 프로그램 준비
우천 시 혹은 전체 프로그램의 빠른 진행으로 인한 조기 종료 시 등 여러 가지 상황들을 고려하여 제2의 프로그램을 준비해야 한다. 또한, 토론이나 강의 등은 다소 지루하게 여길 수 있으므로 무조건적인 흥미만을 유발하는 레크리에이션이 아닌, 토론 주제와 관련된 '스피드 퀴즈'나 '몸으로 말해요' 등 간단한 게임으로 토론 주제의 연상선 상에 있는 레크리에이션 프로그램을 준비해야 한다. 또한, 집중도를 위해 프로그램 진행 시 우수 참여자라던가, MVP 등을 전체가 뽑아 선정할 수 있는 재미있는 보상체계도 도입하여 프로그램을 진행하는 것이 시너지효과를 일으킬 수 있는 긍정적인 요소라 할 수 있다.

(3) 워크숍 전체의 평가 조사자

워크숍을 리더들이 만족했는지, 부족했던 것은 없는지, 또한, 어떤 점들을 보완했으면 좋겠는지 등에 대해 설문조사를 실시하고 전체 평가회를 실시해야 한다.

이때, 단순한 객관적 평가를 이끌어내는 부분도 중요하지만, 주관적 평가, 전체적 총평 등 많은 이야깃거리들을 끌어내어 이후에도 리더들이 어떻게 교육을 운영하고, 노인 성교육에 관한 교재 개발에 대해 구체적인 논의가 이뤄져야, 일정을 마친 후 리더들이 차기 프로그램을 준비할 수 있도록 진행해야 함을 잊지 말아야 한다.

2) 워크숍 프로그램 내용

(1) 외부 전문 성교육 진행

노인의 건강한 노후 '행복한 노후생활을 위한 방법'이라는 주제로 행복한 부부를 위한 제언에 대한 강의 진행, 외부 전문가 강사 섭외를 통해 전문 성 리더들의 역량강화 및 외부 성교육 진행 시 노하우를 배울 수 있는 기회를 제공한다.

(2) 강의시연

매력있는 노년의 삶에 대한 주제를 가지고, 4팀 중 한 팀이 대표로 강의시연을 한다. 강의를 듣는 참여자들은 강사 소개 및 인사 방법, 강의 주제, 강사의 교수법, 강의 전달력, 교육을 듣는 사람들의 호응도를 전반적으로 평가한다.

(3) 기라성 프로그램 향후 방향성 논의
- 전문 성 리더 양성 프로그램을 수료한 이후 자조모임 활성화 방향 논의
- 표준화된 강의안 수정 작업
- 전문 성 리더들의 역량강화 및 강사역할 코칭을 위한 외부 전문가 도입에 대한 필요성 논의
- 외부 성교육 진행 방식 및 외부 성교육 진행을 위한 외부 기관 리스트 조사
- 팀별 강의 순서 정하기
- 코칭 방법 등 강사 역할에 대한 전문성 향상을 위한 보수교육 필요성
- 지역사회 연계하여 전문 성 리더들이 활동할 수 있는 다양한 수요처 개발

| 표 2-2 | 워크숍 프로그램 세부 일정

일정	내용	비고
외부 전문 성교육	· 노인의 건강한 노후 '행복한 노후' - 행복한 부부생활을 위한 제언	
강의시연	· 매력있는 노년의 삶을 위하여!	
기라성 향후 방향성 토론	· 전문 성교육 프로그램 문제점 · 자조모임 활성화 방안 · 자조모임 활성화 방안 성 전문 리더들의 리더십 향상 및 코칭을 위한 외부 슈퍼바이저 섭외의 필요성	
	· 전체 외부 교육 종결 후 평가 방법 · 외부 교육 진행 방식, 스케줄 조정 · 그룹별 강의 순서 정하기	
그룹 토의	· 노년기 이성에게 혹은 배우자에게 바라는 점이라는 주제로 남녀 그룹별 토의 진행하기	
프로그램 발전방향	· 코칭 방법 교육의 필요성 · 지역사회 연계하여 성 전문 리더들이 활동할 수 있는 다양한 수요처 개발	

 **Talk Talk!**

외부 강의와 캠페인 활동에 대한 기라성 프로그램 향후 방향성 이야기 나누기

- 외부 성 교육 진행을 복지관에서 출발해서 차츰 지역사회로 나아갔으면 좋겠다.
- 복지관은 친근하므로, 복지관 이용 친구들에게는 떨지 않고 교육을 진행할 수 있을 것 같다.
- 그래도 우리가 전문 성 리더이므로 우리 강의를 희망하는 다양한 곳에 파견되어 노년의 성교육을 진행하고 싶다.
- 노년의 성에 대해서 우리처럼 부부집단이 공감이 많이 되므로 앞으로 행복한 노후를 보낼 수 있게 부부집단을 대상으로 외부 성 교육을 진행하면 좋겠다.
- 노년기 성에 대한 중요성과 긍정적인 성 인식을 위한 캠페인 진행 방식은 지역사회 노인들의 인식 개선에 맞춰서 진행하고, 홍보물뿐만 아니라 기념품도 준비해서 지역사회에 긍정적으로 기여했으면 좋겠다.

- 강의안을 주제별로 만들어 놓아, 표준화된 강의안을 만들었으면 한다.

- 우리 부부가 함께 동아리 활동으로 웰빙댄스를 하기 때문에 강의를 진행한 후, 웰빙댄스를 선보여 다양한 볼거리를 제공했으면 좋겠다.

- 동아리 활동을 통해 올바른 노후생활을 하는 모습을 보여는 주는 것이 교육이며, 서로 교감하고 취미활동을 공유하는 모습을 통해 노년의 성에 대해 긍정적으로 생각할 수 있는 기회이다.

- 성교육 대상층을 아동, 청소년, 성인 등 넓게 잡아서 노년의 성교육을 진행하면 긍정적인 파급효과가 나타날 것 같다.

- 전문 성 리더의 역할이 매우 중요한데, 아직 전문적인 부분에 대해서 미비해서 우리는 노-노의 입장, 동년배 친구들에게 "노년의 성은 이렇다, 저렇다" 친구가 말해주는 편안한 교육 분위기를 만들어서 외부 성교육을 진행하면 좋겠다.

Talk Talk!

(4) 남녀 그룹별 토의

토론 프로그램 진행 시

토론의 진행자로서 사업에 대한 이해를 가장 많이 하는 담당자도 적절하지만, 외부 강사가 여건이 허락한다면 함께 토론에 참여하여 보다 심도 있는 토론을 이끌어내는 데 더욱 효과적이다. 또한, 당황스런 질문에 멈칫하는 자세는 대상자들로 하여금 신뢰감을 떨어뜨리는 행동이기 때문에 만약 담당자가 진행한다 하더라도 사전에 충분한 배경지식과 다양한 정보습득을 통해 대비하고 준비하는 자세가 필요하다.

① 토의방식

각 두 개의 방으로 나뉘어 남녀 그룹으로 나뉘어 토론을 시작하고, 일정 시간이 지난 뒤에 다시 모여 각각 대표가 토의내용을 발표하는 형식으로 진행한다.

② 그룹토의

부부로 살아가면서 몇 십 년 오랜 생활을 해오다 보니 서로에게 소원해진다거나, 또는 아직도 애틋한 감정을 느끼는 부부도 있을 테고 다양하다고 생각합니다. 그렇다면, 노년기에 지켜져야 할 가장 중요한 부분은 무엇인지? 평소 상대 배우자에게 바라는 점이나 실망했던 점들이 있으면 이 시간에 논의해주시기 바랍니다.

▨ ↕ 남성그룹 토론

전○○: 난 13년 전에 부부경험을 해보고 그 이후로는 하지 않았다. 각자 방을 따로 쓰고, 내 몸도 불편하고 아프고 하면서 자연스레 멀어지게 되더라.

최○○: 남자는 나이가 들면 발기도 늦어지고 어렵게 되는 경우가 종종 있다. 근데 여자들은 무조건 관계만 요구하거나 피하게 되면 애정이 식었다고 생각하니 이거 참 답답할 노릇이더라.

이○○: 나는 2층, 아내는 1층에서 자는데, 이유는 내가 숙면을 하지 못하기 때문에 누가 옆에서 부스럭 거리기만 해도 그날은 잠을 못자 불편해 죽겠어. 그래서 우린 따로 떨어져서 자.

신○○: 우린 성관계를 한 달에 한 번씩은 하는 것 같다. 아내도 참 좋아하고 나도 하고 나면 더 건강해지는 느낌이 들더라.

이○○: 나는 전립선 비대증 수술을 받고 퇴원한 지 얼마 안 됐고, 우리 아내도 큰 수술을 받아서 지금은 회복 중인데, 그전까지 우리는 일주일에 한 번씩 할 정도로 일종의 약속이라 생각하며 잘 지냈어.

전○○: 그렇다면 여러분들은 어떻게 생각하십니까? 어떤 수단과 방법을 가리지 않더라도 성관계는 지속해야 한다 입니까 아니면 여건이 허락되면 해야지 억지로 할 필요는 없다고 생각하십니까?

이○○: 나도 그렇고 내 아내도 그런데 (성관계에) 별로 관심 없고, 애정표현이라고 하는 것, 사랑한다고 느끼는 것, 이런 것들은 각자 노력하고 각자의 정도가 있는 거지. 굳이 성관계에 국한할 필요 있을까요? 내가 내 아내랑 손잡고 다니면서 사랑을 느끼면 그만이고, 내가 은퇴하고 많이 외로웠을 때 아내와 함께 춤을 배우러 다니며 그렇게 재밌고 행복할 수가 없더라고요. 그 이상 뭐가 필요 있나요?

신○○: 남자가 성관계를 할 때 더 만족하는 게 사실이다. 그러나 여자들은 자꾸 피하려들고 정도의 차이를 떠나서 그게 문제인 거 같아.

김○○: 뭐 분위기 좀 잡고 다가가려고 하면 씻으러 간다거나, 자리를 피해버리기도 하고, 또 보조기구들을 이용하려 하면 여자들은 너무 너무 싫어한다. 남자의 이런 심정이나 상황들을 이해해줬으면 좋겠어.

전○○: 보조기구나 보조제 등을 복용해 봤지만, 나 같은 경우에는 상대방이 싫어해서 안 하게 되더라.

최○○: 여자가 문제다. 남자들이 이렇게 노력하고 있다는 것을 조금만이라도 알아주고, 따뜻하게 받아주려고 노력한다면 우리 남자들이 그러겠냐?

⬆ 남성그룹 토론의 결론

남자들은 아내와의 성관계를 갖고 싶기도 하고 그것을 위해 노력하기도 한다. 이런 점들을 아내들이 이해하고 받아들여줬으면 좋겠다. 그리고 남자들도 여자들이 작은 반응에 매우 민감하고 만족하는 걸 알았으니, 이를 위해 평소에 보다 잦은 스킨십과 애정표현으로 아내를 따뜻하게 해줘야 한다.

부부마다 다르겠지만, 어떻게든 함께 노후를 보내고 죽음을 맞이할 때 옆에 있을 사람은 내 배우자뿐이니, 그 배우자를 위해 서로 속마음, 속내를 다 드러내 서로 원하는 것들을 해주었으면 한다.

가끔은 성 보조기구들을 이용해 관계를 유지하는 것도 좋을 테니, 이용해보자. 그런 방법들이나 사용 시 주의할 점들에 대한 교육도 이뤄졌으면 좋겠다.

성이라고 하는 것은 단순한 육체적 관계를 떠나 그 이상의 모든 사랑과 관련된 모든 것들을 포함하는 보다 포괄적인 것이라고 생각한다. 그러니 일상생활에서, 작은 것 하나, 서로를 위해 노력할 수 있도록 서로가 애썼으면 좋겠다.

♀ 여성그룹 토론

이○○: 이렇게 여자들끼리 모여 있으니깐 너무 좋다. 복지관 강당에서 성교육 프로그램을 듣고, 배워 왔는데, 나오니깐 너무 좋네요. 그리고 복지관에서는 우리끼리 속 시원하게 성에 대해 이야기도 못했는데, 오늘 우리끼리 좋은 시간 보내요.

최○○: 이런 기회에 우리 속 시원하게 노년의 성에 대해서 이야기해요. 우리 부부는 2주일에 한 번씩 관계를 가져요. 꾸준히 성관계를 유지해서 그런지 우리 부부 모두 건강하고, 몸에 좋은 것 같아요.

김○○: 와~ 정말 대단한데요. 자주 하시네요.

우린 손자녀를 우리가 봐야 돼서 나는 애들이랑 거실에서 자고, 남편은 안방에서 자요. 그래서 부부관계를 안 한 지 꽤 됐어요. 기라성 프로그램을 통해서 서로 이야기하거나, 공감하거나, 성에 대해서 이야기하는 시간을 많이 가졌어요.

박○○: 우린 한 달에 한 번 정도 하는 것 같아요. 요즘 남편 허리가 안 좋아서 많이는 안 해요. 부부관계를 할 때 남자의 자존심을 세워주기 위해서 뭐 흥분한 것처럼 효과 소리를 많이 해줘요. 그럼 남편이 좋아해요.

이○○: 저희 남편도 권위적이고, 정서적으로 완전 꽝이었는데, 기라성 프로그램을 함께 듣고 난 뒤에 나에게 관심 있게 부드러운 말도 해주고, 성관계도 자주 가져서 부부친밀감이 더 높아졌어요.

김○○: 부부관계를 가지기 위해서는 분위기가 중요한 것 같아요. 남편은 안방에 있을 때 컴퓨터만 해요. 안방에서 부부관계를 가지기 위해서는 분위기가 안 나요. 그리고 안방은 답답해서 거실에서 자면 남편을 만날 수가 없어요.

여성 모두: 각방은 안 된다고 했잖아요. 부부의 적은 각방이에요! 똑같은 방에서 한 이불을 덥고 자야줘.

박○○: 요즘에도 성 매춘, 몸 팔고 그런데 다니는 사람이 있잖아요. 우리 때도 남편들이 바람피우고, 그런데 다니고 그러잖아요. 그 여자들은 분위기랑 스킬이 장난이 아니래요.

신○○: 남자들은 시각적인 것에 민감하므로, 우리도 야한 속옷도 입고 유혹의 기술 뭐 그런 것도 해봐야겠어요.

박○○: 매춘은 정말 사회문제에요. 남자들이 겉도는 것도 여자 책임도 있지만, 남자들은 결혼했으면 그러면 안 되는 것은 확실해요. 결혼을 통해서 부부가 되는 것이고, 그건 부부끼리 약속이고 사회의 약속이에요. 이런 데서 성병 걸리고 그러는 일도 많잖아요.

신○○: 맞아요. 이건 정말 올바르지 못해요. 기라성 프로그램을 부부가 같이 함께 듣는 데 의의가 있지만, 우리가 이렇게 워크숍을 와서 우리끼리 이런 이야기도 하고 너무 좋네요.

양○○: 우리가 폐경을 맞이하고, 갱년기를 맞이하고 몸의 변화가 많이 와요. 이럴 때 남편과의 성관계는 정말 할 수가 없어요.

최○○: 맞아요. 우리가 폐경기 이후로부터 부부관계가 소홀해지면서 서로 이해하는 시간이 더 필요한 것 같아요. 기라성 교육을 통해서 우리 부부는 많이 변했어요.

성생활에 대해서 이야기하거나, 노년의 성에서 가장 중요한 정서적 교감 부분에 대해서 많이 배웠어요. 무뚝뚝하고 권위적인 남편이 조금 변했다는 느낌이 들어서 좋아요

김OO: 맞아요. 우리가 기라성에서 배운 내용에는 공감되는 부분도 많고, 우리가 앞으로 이렇게 공감하고, 노인의 성의 중요성, 필요성에 대해서 잘 정리를 해서 외부 성교육 진행도 멋지게 했으면 좋겠어요.

이OO: 오늘 기라성 워크숍 외부 전문 교육에서 배운 것처럼 젤을 이용해서, 성관계도 해보고, 노년의 아름다운 노후생활을 위해서 남편과 부인 모두 노력하고, 행복했으면 좋겠어요.

최OO: 맞아요. 노년의 성은 관심이 없잖아요. 사실 매우 중요하고, 이런 것들을 많이 알리는 활동을 해야 하는데, 앞으로 우리가 노년의 성의 중요성과 필요성에 대해서 홍보하고 다니자고요.

♀ 여성그룹 토론의 결론

여성 어르신들은 폐경의 기점으로 다양한 신체적 변화에 따라 성에 대한 생각이 많이 바뀐다. 신체적인 부분의 변화는 남자들이 이해하고, 정서적인 측면에서 부인과 공감하고 소통하기를 원한다. 노년의 성에 대한 중요성과 필요성은 모두 공감하고 있으며, 이건 혼자의 힘이 아닌 부부가 서로 도와가면서 아름다운 노후를 보내기를 희망하고 있다.

아름다운 노후를 보내기 위해서는 서로의 다름에 대한 인정이 필요하고, 신체적 변화에 따른 변화도 자연스럽게 받아들이는 방법도 알아야겠다. 기막히게 아름다운 노년의 성에 대한 기라성 프로그램에서 배운 내용을 지역사회도 알리고 여러 사람이 이런 부분에 대해서 생각하고 공감할 수 있도록 다양한 활동을 하고자 하였다.

3) 워크숍 평가

(1) 각 프로그램별 설문 평가

성 리더 역할 인식 여부, 응집력 강화 여부 등에 대한 사전-사후검사를 실시하여 그에 따른 워크숍 만족도를 평가하였다.

① 성 리더 역할 인식과 응집력 강화 사전–사후검사

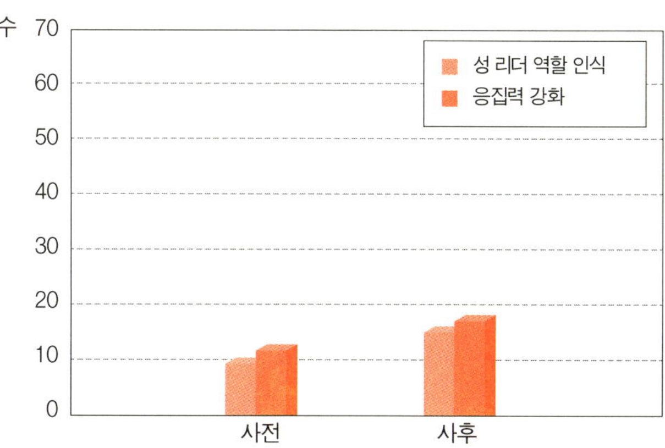

- 성 리더 역할 인식 사전검사는 15점 만점 기준으로 평균 9점으로 나타났고 사후검사는 14점으로 나타났다. 워크숍을 통해서 전문 성 리더 역할 인식이 높아짐을 볼 수 있다(〈그림 2-2〉 참조).
- 응집력 강화는 20점 만점 기준으로 사전검사는 11.75점, 사후검사는 17점으로 상

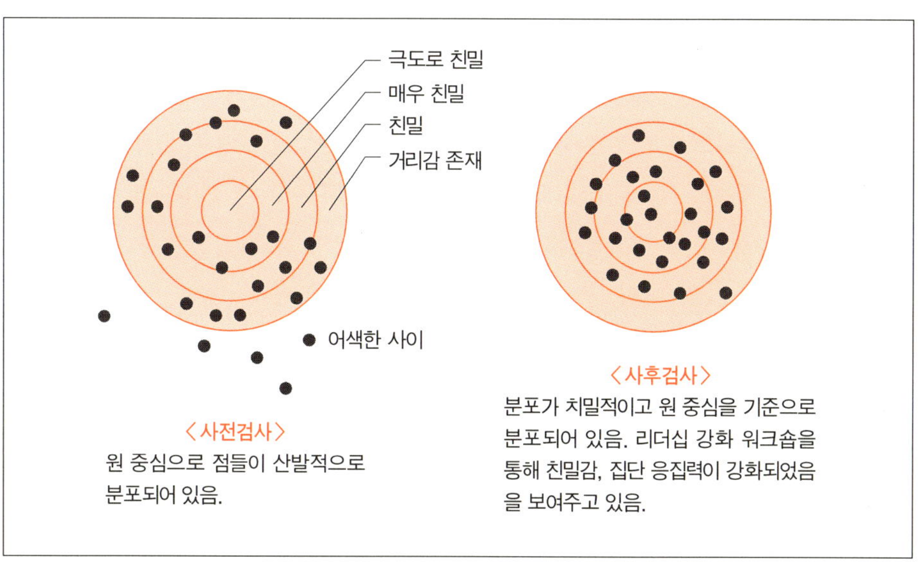

당한 변화가 나타났다. 이는 워크숍 기간 동안 집단 간의 응집력이 강화됨을 보여
주고 있다. 워크숍 참여 전에는 나와 동떨어진 원 밖으로 점들이 분포하였으나, 워
크숍 참여 이후에는 나를 중심으로 밀집한 분포의 그림으로 나타났다(〈그림 2-3〉
참조).

② 워크숍 만족도 평가

| 그림 2-4 | 워크숍 만족도 평가

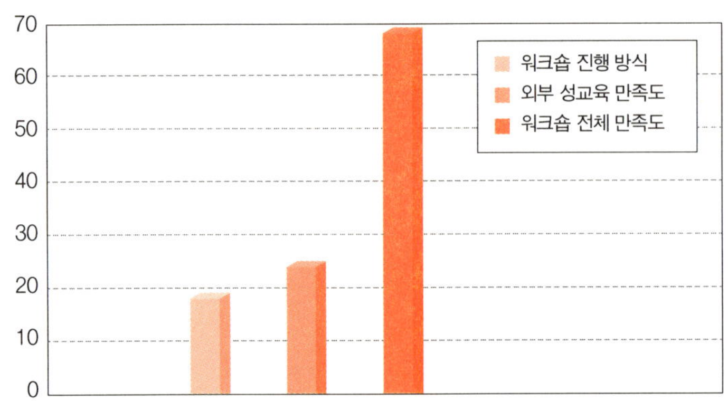

- 워크숍 진행 방식에 대한 만족도는 25점 만점에 평균 23점으로 높게 나타났다(〈그림 2-4〉 참조).
- 외부 성교육 만족도 전문가를 통한 내부 교육에 대해서는 25점 만점 기준으로 평균 23.75점으로 전반적으로 높은 만족도를 나타냈다(〈그림 2-4〉 참조).
- 마지막으로 워크숍 전체 만족도는 살펴보면, 70점 만점으로 평균 68점으로 매우 높은 점수를 나타냈다. 전문성 리더 양성 프로그램 이후, 이론과 실기를 병행하는 수업 방식에서 벗어나 자연과 함께 리더십 강화를 위한 1박 2일 워크숍에 대한 만족이 높음을 알 수 있다(〈그림 2-4〉 참조).

클라이언트

- 이렇게 밖에 나와 맑은 공기 마시며 좋은 시간을 보낸 것 같아 너무 좋다.
- 우리 부부가 집에서도 이런 많은 대화를 해본 적이 없는데 여기 나와서 이런 시간을 갖게 되어 매우 의미 있는 시간이었다.
- 앞으로 해나가야 하는 일들에 대한 벅찬 기대감과 설렘이 있으며 좋은 시간 보내게 해주어 기관에 감사드린다.
- 토론시간이 조금 더 길었으면 한다.
- 종종 야외로 노인네들 코에 바람 좀 넣어줬으면 좋겠다.
- 늙은 나에게 이렇게 즐기고 나눌 수 있는 기회가 있다는 게 너무나 좋았고. 이 가을을 내가 몇 번이나 느끼고 갈는지는 모르겠지만 이번 가을은 나에게 있어 매우 추억할 만한 가을이 된 것 같다.

워커

- 남자그룹의 경우에는 진행자는 여성이고 구성원들은 남자였기 때문에, 이성에게 궁금한 점을 진행자인 담당자에게 물어보게 되는 경우가 있었다.
- 남자그룹은 노년의 성에 대한 포괄적인 시점에서 접근하였고, 여성 그룹은 세세한 부분까지 접근하는 모습을 보고 생각하는 관점이 다름을 알 수 있었다.
- 아주 구체적인 성 보조기구나 관계에 대한 극히 개인적인 사생활까지 알게 될 경우에는 아직 20대인 담당자에게는 조금은 당황됐고, 처음에는 낯설었다. 하지만 그룹토의를 진행하고 참여하면서, 내가 노년이 되어, 이런 고민을 할 수도 있고, 앞으로 노인들을 위한 프로그램 개발을 위해서 필요한 실질적인 토론 내용을 들을 수 있는 소중한 시간이었다.
- 전체가 한자리에 모여 토론한 내용을 발표한 시간에는 남자와 여자의 입장이 너무나 달라 발표에 있어서 차이가 있었다. 또한, 각자의 의견과 주장이 옳다고 싸우다시피 의견을 내는 경우가 있어서 참여자들 간의 적절한 중재가 적절하게 이뤄지지 않아 당황스러운 적도 있었다.

슈퍼바이저

- 워크숍 진행 시에는 무엇보다 안전사고에 유의해야 한다. 어르신들을 모시고 1박 2일이라는 기간 동안 진행되기 때문에 무엇보다 안전에 유의해야 한다. 이에 진행자 외 책임자, 리더 대표 등은 항상 모든 구성원들을 살필 수 있는 노력들을 기울여야 한다.
- 이번 워크숍은 강의, 토론, 다시 차후 계획 등의 대한 순서로 진행되었는데, 생각 외로 토론 시간이 부족할 정도로 많은 이야기들이 나왔다. 이에, 촉박하게 진행하기보다는 많은 시간을 토론에 투자할 수 있도록 프로그램에 변동성을 주었더라면 더 많은 이야기들이 묻어나올 수 있을 것이라는 아쉬움이 남는다.
- 토론에 대한 내용을 녹취해서 나중에 각자 어떤 얘기들을 했었는지 들려준다거나, 차후에 다시 복지관에서 프로그램을 진행할 때에도 녹취된 내용 후에 토론을 다시 진행할 수 있는 방법도 효과적이라고 생각된다.

- 참여자들과 함께 워크숍을 1박 2일로 진행하는 것이 쉽지는 않았는데도 불구하고 담당자의 노력과 정성이 있었기 때문에 무사고로 안전하게 잘 마칠 수 있었다라고 생각됩니다. 수고 많이 하셨습니다.

차기계획

- 토론시간 확대(릴레이 형식)
  - 어떤 주제로 어떻게 토론을 할 것인지에 대한 토론의 주제가 합의되면 굉장히 많은 얘기들이 토론거리로 나온다. 따라서 토론 시간을 확대하거나, 릴레이 형식의 프로그램으로 운영해도 좋을 것이다. 토론 주제는 각 남녀 대표자들만의 발표로 이뤄졌지만, 부부가 나와 각자의 의견을 내세워 서로의 입장을 이해할 수 있는 계기를 마련하거나 공통의 의견뿐만 아니라 보다 깊은 토론을 위해 자체 모임을 통해 지속적으로 토론을 진행하는 것도 좋을 것이다. 이는 보다 많은 내용들을 공유하여 참여자들끼리 토론이 어떤 것인지, 토론을 통해 진정으로 생각하는 노년의 성이 무엇인지 자연스럽게 나올 수 있을 것이다.
- 복지관 내에서의 워크숍 진행
  - 야외로 나가 진행되었던 워크숍이 성공적으로 영향을 구성원들에게 미쳤다면, 자조모임이나 복지관 프로그램 진행 시간에도 토론에 대한 다양한 방식들을 활용하여 소규모의 워크숍을 진행해보는 것도 좋을 것이다.
  - 관련 강사, 타 복지관 이용자들, 복지관 회원들, 지역방송 관계자 등 모이기 어렵지 않은 인적자원을 개발해 소규모의 워크숍을 진행하는 것이다. 노인의 성에서 다뤄지고 있는 다양한 주제별로 워크숍 주제를 정하고 이후, 기라성 리더들이 토론을 구성하고 이외에도 누구나 참여할 수 있도록 개방된 토론 공간을 만들어 노인의 성 주제 및 프로그램으로 다룬다면 보다 현실적인 교육이 될 것이다.

기라성 워크숍 리더십 강화를 위한
워크숍 만족도 조사

▨ 워크숍의 목적

문항	매우 그렇지 않다 1	그렇지 않다 2	보통 이다 3	그렇다 4	매우 그렇다 5
1. 본 워크숍의 기획 의도는 좋았다.					
2. 본 워크숍의 운영 방식은 좋았다					
3. 워크숍 장소 선택 적절하였다.					
4. 본 워크숍의 기획 및 진행은 전반적으로 원활하였다.					
5. 전체적으로 이와 같은 워크숍은 만족스러웠다.					
6. 추후에 이와 같은 워크숍이 기획된다면 다시 참여하겠다.					
7. 본 워크숍의 기획 및 진행 부분에 있어서 미흡했거나 건의할 사항이 있으면 자유롭게 적어주세요.					

▨ 외부 전문가 교육 만족도 및 건의사항

문항	매우 그렇지 않다 1	그렇지 않다 2	보통 이다 3	그렇다 4	매우 그렇다 5
8. 외부 강사 교육에 전반적으로 만족한다.					
9. 본 워크숍에서 진행된 내용 구성에 대해 건의할 사항이나, 앞으로 다루었으면 하는 내용이 있으면 자유롭게 적어주세요.					

문항	매우 그렇지 않다 1	그렇지 않다 2	보통 이다 3	그렇다 4	매우 그렇다 5
10. 워크숍을 통해서 기라성 전문 성 리더의 역할에 대해 잘 인식하였다.					
11. 워크숍 이후 기라성 향후 일정에 대해 적극적으로 참여하겠다.					
12. 기라성 전문 성 리더 역할을 충실히 수행할 것이다.					
13. 워크숍 참여하는 집단원들과 나는 신뢰하고 있다고 느꼈다.					
14. 집단원들이 나에게는 중요하다고 생각한다.					
15. 집단원들이 나를 도울 능력이 있다고 확신했다.					
16. 집단원들과 나는 서로 생각한다.					

사용방법 ● 프로그램 성격에 맞도록 자체 제작하였으며, 1박 2일 워크숍에 대한 전반적인 만족도를 평가한다.

집단응집력 검사

'지금 이 시간'의 집단원이나 집단에 대해서 느끼는 자신의 솔직한 감정이나 생각을 성의 있게 표시해주세요.

		매우 그렇지 않다 1	그렇지 않다 2	보통 이다 3	그렇다 4	매우 그렇다 5
1	집단원들과 나는 서로 이해한다고 생각한다.					
2	나는 집단원들에게 내 자신의 생각과 감정을 솔직하게 나타냈다고 생각한다.					
3	나는 집단원들과 함께 있는 것이 불편하다.					
4	집단원들이 나에 대해 호감을 갖고 있는 것 같다.					
5	나는 집단 활동에 적극 참여하였으며 집단 요구에 민감하게 반응했다.					
6	집단원들이 나에 대한 솔직한 느낌을 잘 나타내지 않는 것 같다.					
7	집단원들과 나는 서로 존중하고 있다고 느꼈다.					
8	나는 경청하려 애썼으며 집단원의 이야기를 받아들이고 또 내 의견도 제시하려고 애썼다.					
9	내가 집단원들의 마음에 들지 않는 행동을 하면 집단원들이 나를 외면할 것 같다.					
10	집단원들과 나는 서로 신뢰하고 있다고 느꼈다.					
11	집단원들이 나에게는 매우 소중하다고 생각한다.					
12	나는 나의 이야기를 하지 않았고 다른 집단원의 느낌에도 관심이 없었다.					
13	나는 집단들에게 나의 참된 모습을 노출하지 못했다.					
14	집단들이 나를 도울 능력이 있다고 확신했다.					
15	내가 집단원들의 마음에 들지 않는 행동을 할지라도 집단원들은 나를 감싸고 이해해 줄 것이다.					
16	나는 집단원 각자의 개성을 존중하고 받아들이려 노력했다.					
17	집단분위기가 다소 적대적이고 약간의 불신과 불안이 감돌며 피상적이었다고 느꼈다.					

자료: 강순화(1994), 「집단상담에서의 언어반응 유형과 관련 변인과의 관계 및 효과에 관한 연구: 상담자 교육에서 마라톤 형태의 집단을 중심으로」, 이화여자대학교 박사학위논문.

심리적 거리 검사

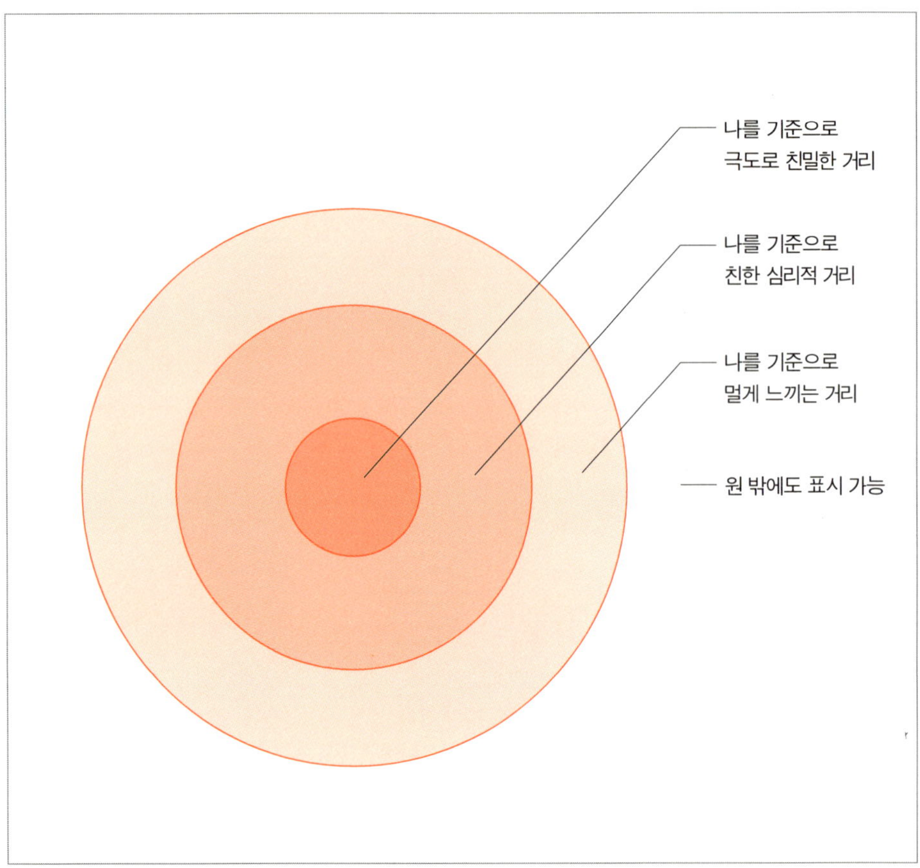

자료: 김홍석(2004), 「집단상담 구성원 간의 심리적 거리와 집단응집력이 상담회기 평가에 미치는 영향」, 부산대학교대학원 석사학위논문.

사용방법
1. 원 가운데 나를 중심으로 심리적 거리를 점으로 표시한다.
2. 두 번째 원은 나를 기준으로 친한 심리적 거리이다. 중심에 가까울수록 친한 심리적 거리이다.
3. 세 번째 원은 나를 기준으로 멀게 느끼는 거리이다. 나를 기준으로 멀게 표시할수록 심리적으로 많이 소원한 관계를 나타낸다.
4. 나를 기준으로 원 밖에 점에 심리적 거리를 표시할 경우, 매우 소원하거나 관심이 없는 정도를 나타낸다.

지역사회
확산단계

▨ 목적

지역사회 노인을 대상으로 노년에 성에 대한 긍정적인 인식 제고를 통해 성에 대한 올바른 이해를 도모하고자 한다.

- 외부 성교육

  노년기 성에 대한 긍정적인 태도는 노년기의 삶의 만족도를 높인다. 따라서 지역사회 노인들을 대상으로 노년기의 성에 대한 올바른 지식을 전달하고 노년기의 성에 대한 인식의 변화를 높여 노인들 스스로가 성을 긍정적이고 적극적으로 받아들임으로써 노년기의 삶의 질을 향상시키고자 하는 데 그 목적이 있다.

- 외부 캠페인

  캠페인을 통해 노년의 성에 대한 부정적인 인식을 긍정적 인식으로 전환하기 위함이다. 또한 노년의 성에 대한 중요성 패널, 홍보물 등 다양한 시각적 홍보를 통해 기라성 전문 성 리더들이 노년기 성에 대한 인식 전환을 위해 지역사회에 이바지하고자 한다.

▨ 목표

- 지역사회 노인들에게 노년의 성에 대한 개념, 성병 예방 방법, 긍정적인 인식 제고를 위한 외부 성교육을 진행한다.
- 지역 내 경로당 및 복지관 이용 어르신들을 대상으로 인식개선 운동 및 긍정적 인식을 향상시킨다.
- 지역사회 주민, 복지관 회원 대상으로 홍보물 배포 및 안내지를 배포하여 적극적인 홍보 활동을 실시하며, 기라성 프로그램 양성교육 이수자들이 직접적으로 캠페인 참여를 통해 노–노 눈높이에 맞춘 노년기 성에 대한 인식을 고취시킨다.
- 캠페인을 통하여 지역 주민들에게 노인의 성에 대한 긍정적 이미지를 증진시키며, 캠페인 기념품을 제공함으로써 노인의 성에 대한 긍정적 이미지를 향상하도록 한다.

세부 프로그램명	주요 내용
외부 성교육 진행	사회복지 관련 기관(지역사회 경로당, 노인복지관), 공공 기관에 파견하여 노인의 성에 대한 중요성 및 긍정적인 성 인식 제고를 위한 성교육을 진행
캠페인	노년의 성에 대한 부정적인 인식을 캠페인을 통해 긍정적인 인식 제고를 위한 캠페인 활동 진행

1

지역사회
외부 성교육 진행

활동목적	1. 노년기의 성에 대한 긍정적인 태도는 노년기 삶의 만족도를 높인다. 2. 기라성 프로그램 참여자들이 지역사회 노인들을 대상으로 노년기의 성에 대한 올바른 지식을 전달하고, 노년기의 성에 대한 인식의 변화를 높여 노인들 스스로가 노년기 성을 긍정적이고 적극적으로 받아들이고, 이해함으로써 노년기 삶의 질을 향상시키고자 한다.
소요시간	강의(50분)/질의응답시간(10분)
준비물	강의안, 프레젠테이션 자료, 문제지
한 발짝 다가서기	■ 내부 전문가 과정과 교육 워크숍 과정을 마친 어르신들이 지역사회에 다양한 교육 내용들을 실질적으로 알릴 수 있는 계기 마련 및 지역사회 파급효과를 누릴 수 있는 실천방법으로서 외부 성교육 활동을 진행하고자 한다. ■ 외부 성교육 장소는 지역사회 경로당, 지역사회복지관, 노인복지관 외부 성교육을 희망하는 기관으로 정한다. ■ 외부기관 모집 방법은 기관 명의로 된 공문을 서울지역에 위치한 노인복지관, 지역복지관, 중구 내 경로당에 발송하여, 참여 의사가 있는 기관들의 신청서를 받아, 교육날짜, 장소, 대상 등을 실무자와 협의한다. ■ 외부 성교육을 진행할 전문 성 리더와 담당자는 강의 연습, 시연, 평가회의 거쳐 강의안을 작성하고 검토하여 교육을 받는 수강생들의 수준에 맞춰 강의를 잘 전달할 수 있도록 구성한다.

활동과정	활동내용	시간(분)
도입	1) 외부 성교육 기관을 방문한다. 2) 강의 준비 세팅을 한다. 3) 간단한 인사말 시작과 강의 주제에 대해서 이야기한다.	15분
전개	1) '기막히게 아름다운 노년의 성을 위하여!' 강의를 진행한다. · 노인의 성교육의 중요성, 노인의 성병 및 예방방법, 양성평등과 노인의 성을 주제로 한 강의 진행하기	50분
마무리	1) 노년의 성 중요성, 긍정적인 성 인식 제고를 위한 정리를 한다. 2) 강의 질의 응답시간을 갖는다. 3) 성병 OX 퀴즈 만점자 발표 및 선물을 증정한다.	10분

외부 성교육 진행 기관	순번	외부 교육기관	교육 횟수
	1	마포구에 위치한 노인종합복지관	1회
	2	노원구에 위치한 종합사회복지관	2회
	3	광진구에 위치한 노인종합복지관	1회
	4	성북구에 위치한 복지관	1회
	5	중랑구에 위치한 노인종합복지관	1회
	6	강서구에 위치한 복지관	2회
	7	중구에 위치한 노인종합복지관, 복지관	8회
	8	중구에 위치한 경로당	7회
	9	도봉구에 위치한 복지관	1회
	10	광진구에 위치한 복지관	1회
		20곳 / 25 회	

01 | 도입단계(15분)

1) 외부 성교육 기관을 방문한다.

2) 강의 준비 세팅을 한다.

3) 간단한 인사말 시작으로 강의 주제에 대해서 이야기한다.

02 | 전개단계(50분)

1) 외부 성교육 진행

(1) '기막히게 아름다운 노년의 성을 위하여!' 강의를 진행한다.

노인의 성교육의 중요성, 노인의 성병 및 예방방법, 양성평등과 노인의 성 등 표준화된 강의안을 가지고, 팀별로 강의를 진행한다.

TIP

외부 성교육 진행 시 주의사항

- 외부기관에 나가는 대표 얼굴인 만큼, 자연스러움도 중요하지만, 어느 정도의 강사 훈련이 필요하다. 때문에 강의시연 시간과 평가시간은 필수적이다. 이 시간을 통해, 강사는 자신이 부족했던 부분이 무엇인지, 구성원들은 강의내용을 다시 되새길 수 있는 중요한 시간이 된다. 강사가 소화할 수 있고 수용할 수 있는 적절한 선을 지켜 피드백을 주고 교환하는 시간을 갖는 것이 중요하다.
- 교육을 듣는 대상자에 따라 강의안을 준비해야 한다.
- 시청각 자료를 이용해야 한다. 기본 강의안은 프레젠테이션 자료, 배너, 교육 패널을 이용하여 교육에 집중할 수 있도록 한다.
  ☞ 외부 성교육 진행 시 배너는 강의 주제 및 목적에 맞는 내용을 한 눈에 볼 수 있기 때문에 중요하다.
  ☞ 교육 진행 시 프레젠테이션을 활용할 수 없는 경로당에서는 패널을 이용하여 교육을 진행할 수 있고 중요한 부분만을 집중적으로 설명할 수 있어서 활용하기가 편리하다.
- 강의에 참여할 수 있도록, 워크지를 활용하라! 수업에 얼마나 집중하고 들었는지, 확인할 수 있는 워크지를 활용한다. 함께 준비한 소정의 선물을 증정하는 것도 좋은 방법이다.

성교육을 들은 어르신 이야기

기라성 성교육이라고 해서 무슨 내용일까? 궁금증으로 참여하게 되었습니다. 강사진이 외부 전문가 선생님이 오셔서 하는 줄 알았는데, 나와 연배가 비슷한 분이 재미있는 이야기를 하면서 노년의 성이 왜 중요하고, 우리가 지금 행복한 노년 생활을 하기 위한 방법도 알려주어서 좋았습니다. 동년배 강사가 친근하게 교육을 진행해주어 재미있게 잘 들었습니다.

외부 강사가 진행하는 교육은 전문 용어도 많고 지루한데, 성병에 관련된 시각 자료도 신선하였고, 용어도 어렵게 이야기해주어 좋았습니다. 노년의 성병의 종류와 예방 방법에 대해서도 자세히 알 수 있었던 강의였습니다.

노인들에게 노년의 성에 대한 강의를 진행하시는 분을 보면서 경험에서 우러난 이야기와 함께 강의를 진행하니 공감도 많이 되었고, 우리들도 부지런히 노력해서 지역사회에 다양한 활동을 하고 싶은 마음도 생기게 되었습니다.

성교육 의뢰 기관 담당 워커 이야기

어르신이 강의도 해주시고, 강의 끝난 후 부부 웰빙댄스도 보여주셔서, 기관 어르신들의 호응도가 높았습니다. 우리 복지관 어르신들도 매우 적극적이신데, 더 적극적인 어르신들을 뵐 수 있어서 저 또한 힘이 납니다. 앞으로 노년의 성에 대한 중요성에 대한 포커스를 더 두셔서, 좋은 강의를 진행해주셨으면 좋겠습니다. 어르신들의 눈높이로, 어르신들과 연배가 같은 강사라서 앞으로 많은 호응이 있을 것이라 예상됩니다.

어르신들이 이렇게 강의를 잘 할 줄 몰랐어요. 현장에 있는 우리들도 관심 갖고 강의하기 힘든 주제를 이렇게 어르신들이 스스로 준비하고 강의하는 모습에 아주 강한 자극을 받았어요. 먼 곳까지 와주셔서 진심으로 감사드립니다.

노인을 힘없고 약한 존재로만 여겨 늘 서비스만을 제공해왔던 지역사회복지관으로서 가히 충격적일 만한 일이었어요. 단 한 번의 기회였지만, 다음에도 계속적으로 이런 역할들을 어르신들이 해주셨으면 좋겠습니다.

노년기 성교육

1. 노년기 성교육의 의의

고령화 시대를 지나면서 노인에 대한 관심의 증가, 사회 저변에서 성과 관련된 노인들의 범죄가 증가, 황혼이혼과 황혼재혼이라는 이슈가 사회면을 자주 메우고 있는 시점에서 노인을 위한 성교육은 어느 때보다 필요하다고 할 수 있다.

노인 성교육은 노인들에게 성에 대한 새로운 지평을 열고 건강하고 의미 있는 성활동을 할 수 있도록 돕는 학습과정이다. 노인들의 경우 성교육을 받지 못하는 데서 오는 다양한 문제들이 고령화의 진행과 더불어 늘어가고 있다.

부부관계, 성폭력과 성매매, 재혼 등 노인들의 성에 대한 태도나 성 가치관이 포함된 문제들에 대한 대책과 교육이 적절히 이루어질 때, 사회적·개인적으로 노인들의 삶의 질이 향상되며, 보다 건강한 성 풍토가 만들어 질 수 있다.

2. 노인 성교육의 목표와 기능

성교육의 목표는 무엇보다 성 건강의 증진이다.

1) 성에 대한 지식과 정보 제공

노년기 성에 이전의 발달단계에서 알고 있던 성과는 다르다.

노년기의 성교육은 노년기를 살고 있는 이들에게 노년기 성의 특성, 부부 성생활 향상 방법, 성병 감염 예방, 성기능 장애와 치료법, 우울과 성생활의 관계, 이혼과 재혼 시의 도움 이외에도 다양한 개인적·사회적 지식과 정보를 제공한다.

2) 성에 대한 편견 제거

노년의 성교육은 노인들 스스로와 그 가족, 시설 종사자들의 편견을 제거하고 노인들이 건강하게 성생활을 하도록 하는 중요한 과정이다. 이 과정은 현재 노인들을 넘어 현재의 잠재적 노인들이 아동, 청소년, 중년들에게도 중요한 노후 준비 교육이 될 것이다.

3) 사회문제의 예방

노인 성폭력이나 노인 성매매, 성병의 확산 등은 성교육을 통해 개선되거나 감소시킬 수 있다. 건강하게 유도된 성문화가 건강한 사회를 만들기 마련이다. 이런 차원에서 성교육은 무엇보다 중요하다. 나아가 노인 성교육은 이러한 예방적 기능을 넘어 사회 통합적 안정에 기여한

다. 성교육이 갖는 이러한 예방적 차원은 노인 스스로의 인식을 변화시키고, 사회적 적응을
돕기 때문에 좀 더 사회의 관심이 요구되는 부분이기도 하다.

03 | 마무리단계(10분)

1) 노년의 성 중요성, 긍정적인 성 인식 제고를 위한 정리를 한다.

2) 강의 질의 응답시간을 가진다.

3) 성병 예방 ○× 퀴즈 만점자를 발표하여, 준비한 선물을 증정한다.

클라이언트

- 맨 처음 강의를 나간다는 것 자체가 나에겐 한 번도 해보지 못한 일이었기 때문에 설레고 망설이게 되었지만, 복지관 선생님들 덕분에 해낼 수 있었다는 생각을 했어요. 그리고 이렇게 단기간에 진행될 것이 아니라, 우리가 몇 개월에 걸쳐 우리의 언어로 된 강의를 준비해서 그것으로 교육하고 훈련해서 나간다면 보다 좋은 내용으로 강의를 진행할 수 있어 보다 큰 효과가 있다고 생각합니다.
- 생각보다 우리가 배웠던 내용들을 전하는 것이 쉽지는 않았는데, 재밌고 좋은 경험이었다.
- 강의할 때는 심장이 터질 것처럼 뛰어서 무슨 말을 했는지 기억도 안 나는데, 끝나고 박수를 받으니 기분은 좋았습니다. 우리 또 갑시다.

워커

- 전문 성 리더가 외부기관을 찾아가 강의하는 동안 담당자는 조정자의 역할을 충실히 해야 한다. 기라성 성교육에 대한 홍보물, 배너 등을 통해 홍보효과를 극대화시키며, 프레젠테이션을 통하여 시각효과를 불러일으킴으로써 노년기의 집중할 수 있는 요소들을 적극 활용하는 것이 중요하다. 강의를 진행하는 리더 외에 프로그램 참여자들이 시간이 날 때마다 같이 기관을 방문해 응원하는 모습을 볼 수 있었다. 기라성 구성원 대부분이 부부 웰빙댄스를 취미활동으로 가지고 있어 강의에 앞서 긍정적 노인상을 심어주기 위한 공연이 매우 효과적이었다.

슈퍼바이저

- 전문 성 리더들이 외부 성교육을 진행한 곳이 20여 개 기관이었지만, 앞으로 더 많은 곳에서 노년의 성에 대한 중요성과 긍정적인 성 인식 제고를 위해 다양한 활동을 하기를 기원합니다. 이러기 위해서는 앞으로 전문 성 리더들이 꾸준히 공부하고, 강의안을 준비해야 합니다. 이제부터가 시작입니다. 또한 전문 성 리더 양성 프로그램 2기도 진행되어서, 많은 리더들이 양성되었으면 합니다.

차기계획

- 표준화된 강의안 개발
- 노-노의 눈높이에 맞고, 쉽게 다가 갈 수 있는 강의 개발이 필요함. 이는 외부 자원연계를 통해서 전문화된 전문 성 리더들이 소화할 수 있는 범위에서 재미있고 다양한 강의안 및 교재 개발이 필요
- 전문 성 리더이지만, 외부 전문적으로 성에 대해 배울 수 있는 꾸준한 교육 기회를 제공하여, 앞으로도 다양한 지역사회에서 강의를 할 수 있도록 능력을 고취시키도록 함

「기라성」 성교육 신청서

	내 용	비 고
기 관 명		
교육 가능한 일시		
강의 장소		
대상(나이)		
인원		
강의료	무료	
연락처	전화번호 : FAX:	
담당자		
문의사항		

작 성 일 :　　　　　년　　　월　　　일

기　관 :　　　　　　　　　　(인)

귀하

※ 노년의 성의 중요성, 노년에 성에 대한 긍정적인 인식 제고를 위한 성교육을 희망하는 외부 기관에 외부 공문과 함께
　교육 신청서를 송부하여, 교육신청서를 받는다.

성병 바로 알기 ○ × 퀴즈

이름:

▨ 7문제를 다 맞추신 분께는 강의가 끝난 후 소정의 선물을 증정합니다.

1. 에이즈를 제외한 모든 성병은 치료가 가능하다. (   )

2. 콘돔은 성병의 전염을 막는 데 도움이 된다.(   )

3. 성병에 감염된 사람이 검사와 치료시기를 늦춘다고 해서 크게 몸에 해롭지 않다.(   )

4. 일반적으로 성교 후 5일 안에 성병이 감염된다.(   )

5. 키스로 성병이 감염될 수 있다.(   )

6. 성병에 걸린 임산부가 치료를 받지 않으면 태아에게 심각한 영향을 미칠 수 있다.(   )

7. 성병은 질이나 음경을 통해서만 침투된다.(   )

해답 1. ○   2. ○   3. ×   4. ○   5. ○   6. ○   7. ×

2

인식 제고를 위한 캠페인

활동목적

1. 캠페인을 통해 노년의 성에 대한 부정적인 인식을 긍정적 인식으로 전환한다.
2. 노년의 성에 대한 중요성 패널, 홍보물 등 다양한 시각적 홍보를 통해 기라성 전문 성 리더들이 노년기 성에 대한 중요성 인식 전환을 위해 지역사회에 이바지하고자 한다.
3. 지역사회 주민, 복지관 회원 대상으로 홍보물 배포 및 안내지를 배포하여, 적극적인 홍보 활동을 통해 노년기 성에 대한 중요성 인식을 고취시킨다.
4. 캠페인을 통해 지역사회 주민들에게 노인의 성에 대한 긍정적 이미지를 향상시키며, 캠페인 기념품을 제공함으로써 노인의 성에 대한 긍정적인 이미지를 향상시키고자 한다.

활동장소

장충단 공원, 약수역, 복지관 내

준비물

기라성 홍보물, 기라성 패널 및 스티커 설문조사 패널, 캠페인 기념품 선물

한 발짝 다가서기

- 캠페인 결과 파급효과를 불러일으킬 적합한 장소를 선택한다.
- 캠페인 주제에 맞는 패널, 홍보물, 기념품, 어깨띠를 준비한다.
- 캠페인 활동을 참여한 후 노년의 성에 대해 어떻게 생각하는지에 대한 패널에 스티커를 붙여서 현재 지역 주민, 사람들의 생각 전후를 비교해본다.
- 캠페인 활동 후, 평가회의를 통해서 현재 생각하고 있는 노년의 성에 대해서 정리해본다. 추후 강의안을 만들 때 이 부분에 대한 내용도 첨부하여 강의안을 개발한다.

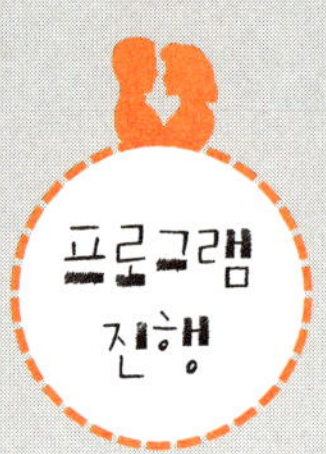

활동과정	활동내용
도입	1) 전문 성 리더들이 캠페인 활동을 위한 준비과정을 가진다. 2) 캠페인 활동 장소를 정한다. 3) 노년의 성 중요성과 성병 예방 패널을 준비하여, 지역 주민들에게 설명할 준비를 한다.
전개	1) 노년의 성 중요성, 긍정적 이미지 고취를 위해서 패널 설명, 홍보물 배포 및 기념품 제공을 통해서 캠페인 활동을 진행한다. 2) 캠페인 활동 시 전문 성 리더들은 노년의 성 중요성, 긍정적인 성 인식 제고를 위한 캠페인 띠를 매고 활동한다.
마무리	1) 캠페인 활동 후, 평가회의를 진행한다. 2) 캠페인 활동을 하면서 보완되어야 할 부분, 앞으로 진행되어야 할 부분을 체크하여 캠페인 활동 소감문을 작성한다.

01 | 도입단계

1) 전문 성 리더들이 캠페인 활동을 위한 준비과정을 가진다.
2) 캠페인 활동 장소를 정한다.
   - ☞ 장충단 공원은 노인들이 많이 있으므로, 노년의 성 중요성 및 긍정적 이미지 고취를 위한 캠페인 활동을 하기에 적합한 장소이다.
   - ☞ 역 안에서 캠페인 활동을 진행하면, 역을 이용하는 시민들에게 알릴 수 있다.
3) 노년의 성 중요성과 성병 예방 패널을 준비하여, 지역 주민들에게 설명하고, 긍정적인 인식 제고를 위해 다양한 활동에 대한 설명을 한다.

02 | 전개단계

1) 노년의 성 중요성, 긍정적 이미지 고취를 위한 패널, 설명, 홍보물 배포, 기념품 제공을 통해서 캠페인 활동을 진행한다.
2) 캠페인 활동 시 전문 성 리더들은 노년의 성 중요성, 긍정적인 성 인식 제고를 위한 캠페인 띠를 매고 활동한다.
   - 전문 성 리더들에게 캠페인 활동의 목적과 의의에 대해서 설명한다.
   - 노인의 긍정적인 성 인식 제고를 위한 캠페인 띠를 매고, 노년의 성에 대한 개념과 성병 예방 방법, 노년의 성 중요성, 긍정적 인식 제고를 위한 방법에 대한 홍보물과 컵 기념품을 함께 배포한다.
   - 지역사회 주민들에게 홍보물을 배포함으로써 노년의 성에 대한 의식을 전환할 수 있도록 한다.
3) 준비한 포스트 잇을 사용해 지역사회 주민들에게 노년기 성에 대한 의견을 적도록 유도한다(기라성 프로그램 기념품 증정).

패널과 프레젠테이션 활용방법

패널에 대한 내용으로만 외부 성교육을 진행하기에는 교육 내용이 부족하다. 교육대상이 소수인원(10명 정도)일 때는 교육 패널로 강의가 가능하지만 20명 이상 집단인 대규모 인원일 때에는 교육 진행 시 교육 프레젠테이션 자료를 이용하여 외부 성교육을 진행한다. 이때, 성교육 의뢰 기관의 강의와 관련된 장비 점검은 필수 사항이다.

Talk Talk!

캠페인 활동 패널(panel) 만들기

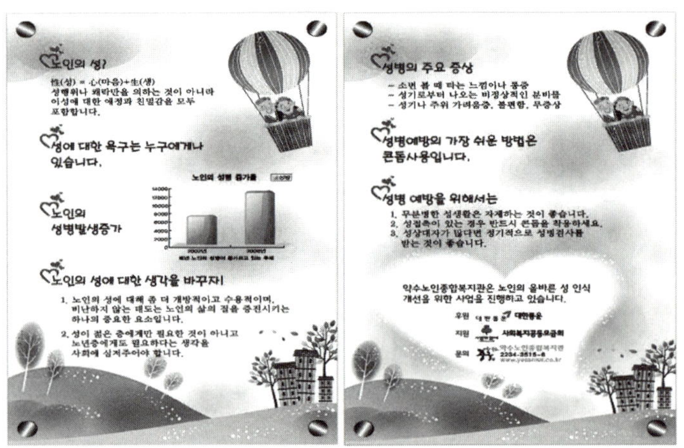

1. 패널 제작 목적

패널을 통해 노년의 성에 대한 이해를 도모하고, 올바른 성병 예방 방법에 대해서 정보 제공을 한 눈에 볼 수 있도록 하고자 한다.

2. 패널 제작 과정

① 1단계

전체적으로 노년의 성교육을 위해 교육 대상자들에게 어떤 주제로 강의를 할지, 교육에서 꼭 필요한 부분에 대해서 알리고자 하는 리스트를 작성한다.

예 노년의 성에 대한 정의, 노년의 성에 대한 중요성, 성병 예방 방법, 행복한 노후를 보내는 방법 등

② 2단계

리스트를 작성한 후, 팀별로 자조모임을 통해서 교육 진행 시 꼭 전달해야 하는 패널 내용을 선정한다.

③ 3단계

'노인의 성, 성병 예방 방법, 노인의 성에 대한 편견을 버리자'라는 내용으로 선택하여, 교육 패널 제작을 의뢰한다.

지역 주민들을 통해서 본 노인의 성

하나. 노년기 성에 대해 어떻게 생각하나요? 자유롭게 적어주세요.

- 노년의 성에 대해 생각해보지 못했다.
- 노인 인구가 점차 많아지고 있으니 중요하다.
- 노년의 성이 중요한가? 젊었을 때 성이 더 중요하다.
- 성은 누구에게도 중요하기 때문에 노년의 성도 물론 중요하다.
- 노년의 성에 대해서 잘 모르니깐 다양한 교육이 있어야 한다.
- 우리 사회는 성교육이 너무 형식적으로 진행된다. 성교육이 실질적으로 진행되어야 한다.

둘. 노년의 성 중요성, 긍정적인 인식 제고를 위한 캠페인 활동에 대한 생각을 적어주세요.

- 주제가 신선해서 관심이 간다.
- 젊었을 때만 성교육을 하고, 중요하다고 생각하지만, 노년의 성에 대해 생각해보지 못해서 이 부분은 참 중요한 것 같다.
- 노년이 길어지고 있으므로 이 부분에 대한 연구가 많아지고, 아름다운 노후를 보낼 수 있는 방법들이 많이 나와야 한다.

Talk Talk!

1) 캠페인 활동 후 평가회의를 진행한다.

2) 캠페인 활동을 하면서 보완될 부분과 앞으로 진행될 부분을 체크하고 소감을 공유한다.

| 그림 3-1 | 기라성 프로그램 홍보물

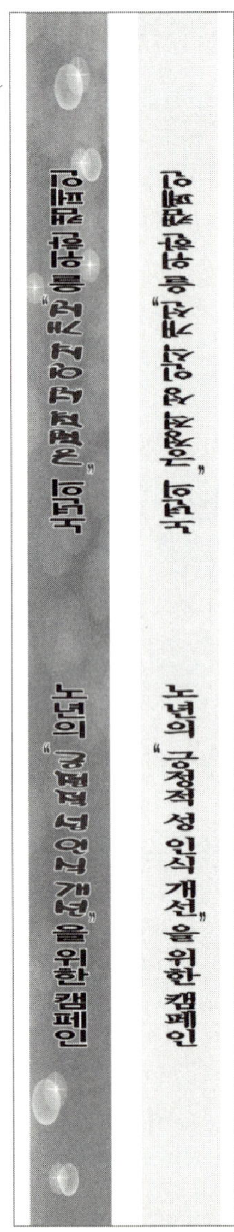

캠페인 어깨 띠

기라성 홍보물

기념품 컵

클라이언트

- 전문 성 리더들이 직접 캠페인 활동을 하고, 지역사회의 다양한 계층을 만나서 이야기를 들을 수 있는 좋은 시간이었습니다.
- 외부 성교육을 진행할 때도 떨리는 마음이 있었는데, 우리가 느낀 부분은 짧은 시간에 설명해주고 홍보하는 것 또한 매우 떨리고 설렜습니다.
- 노년의 성 중요성과 긍정적인 인식 제고를 위해 노인들도 이 부분을 공감해야 하지만, 언젠가 노인이 될 어린 아이부터 성인까지 모두 공감이 되고 이해되었으면 하는 바람입니다.

워커

- 기라성 전문 성 리더들이 직접 캠페인 활동을 하면서 지역주민들에게 긍정적 인식 제고를 위해 노력하였습니다. 캠페인 활동은 일회성으로 끝나지만 앞으로 이 기회를 통해서 다양한 곳에서 노인의 성 중요성과 긍정적인 인식 제고를 위해 활동하는 기라성 전문 성 리더들이 되었으면 합니다.
- 기라성 기념품 컵과 홍보물을 함께 배포함으로써, 기라성 전문 성 리더들이 성교육 강사로서 적극적으로 활동하는 모습을 보고, 아름다운 노년의 상이라며 지역주민들의 호응도 좋았고, 노년의 성에 대해서 생각할 수 있는 좋은 기회를 제공하였다고 생각합니다.

슈퍼바이저

- '기'막히게 '아'름다운 우리들의 '성'이야기 기라성 프로그램이 대단원의 막을 내렸습니다. 전문 성 리더 양성 프로그램을 통해서 양성된 리더들이 외부 성교육을 진행하고, 지역사회에 캠페인 활동도 하였습니다. 노년의 성에 대해 긍정적인 성 인식 제고를 위한 다양한 활동을 통해 조금이라도 이 부분에 대해서 생각할 수 있는 기회를 제공한 것입니다. 앞으로 가야 할 길이 멉니다. 이제 시작으로 노년의 성에 대해서 노인의 시각으로 강의하고, 전달할 수 있는 멋진 리더들의 역할을 적극적으로 수행하기를 기대합니다.

차기계획

- 전문 성 리더들의 자조모임을 통해서 강의안을 개발하여, 외부 성교육을 진행할 수 있도록 준비

캠페인 활동 패널(panel) 만들기

1. 노년기 성에 대해 어떻게 생각하시나요? 자유롭게 적어주세요.

2. 노년의 성 중요성, 긍정적인 인식 제고를 위한 캠페인 활동에 대한 생각을 적어주세요.

캠페인 활동 소감문

▨ 캠페인 활동 후, 느낀점에 대해서 자유롭게 적어주세요.

※ 전문 성 리더들이 캠페인 활동을 통해 지역주민들에게 노년의 성에 대한 긍정적인 인식 제고 활동을 통해서 앞으로 전문 성 리더들의 역할 고취 및 방향성에 대해서 생각할 수 있는 기회를 제공한다.

평가단계

▨ 목적

- 프로그램 효과성, 효율성, 적절성, 만족도를 체계적으로 평가한다.
- 프로그램 평가를 통해 향후 프로그램 개발에 기여한다.

▨ 목표

- 전문 성 리더자 양성 프로그램 사전–사후검사를 평가를 통해 프로그램 효과성을 검증한다.
- 전문 성 리더자 양성 프로그램 만족도를 통해 향후 프로그램 개발에 기여하도록 한다.
- 프로그램 효과성 및 의의를 점검한다.
- 프로그램 제언 및 향후 방향성에 대해 점검한다.

세부 프로그램명	주요 내용
전문 성 리더 양성 프로그램 사전-사후검사	· 부부친밀감, 성 인식, 성생활 만족감, 자아존중감, 생활만족도 사전–사후검사 비교를 통해 프로그램에 대한 효과성 검증
전문 성 리더 양성 프로그램 만족도	· 전문 성 리더 양성 프로그램 만족도 평가를 통해 전문 성 리더 양성 과정에 대한 교육 만족도를 조사
프로그램 효과성 의의	· 소외되었던 노년의 성에 대한 인식 제고 · 노-노 눈높이에 맞는 노인 성교육 강의안 개발 · 지역사회 노년의 긍정적 성 인식 제고 및 노년의 성 중요성 보급 · 노인들의 전문 성 리더 역할 부여를 통해 역할 인식 및 자아존중감 고취 · 성교육에서 머무르는 것이 아닌 또 다른 취미활동으로의 방향성 전환
프로그램 제언 및 향후 방향성	· 노인의 성을 위한 교육과 정책 도입 · 전문 성 리더 양성 프로그램 활성화 · 전문 성 리더 자조모임 및 표준화된 노인 성교육 강의안 개발 · 리더십 강화 프로그램 개발 · 사회참여 기회 제공을 위한 노인일자리사업 연계

01 | 전문 성 리더 양성 프로그램 기라성 평가

1) 전문 성 리더 양성 프로그램 사전－사후검사 비교

전문 성 리더 양성 프로그램 1회기 오리엔테이션 시간에 부부친밀감, 성 인식, 성생활 만족감, 자아존중감, 생활만족도 사전검사를 측정하였으며, 프로그램 종결 후, 수료식 때 사후검사를 실시하였다.

| 표 4-1 | 사전－사후검사 평균 점수 비교

척도	사전	사후	사전-사후검사 점수 차이
부부친밀감	80점	88점	+ 8점
성 인식	23점	33점	+10점
성생활 만족감	24점	35점	+11점
자아존중감	50점	52점	+ 2점
생활만족도	43점	45점	+ 2점

| 그림 4-1 | 사전－사후검사 비교

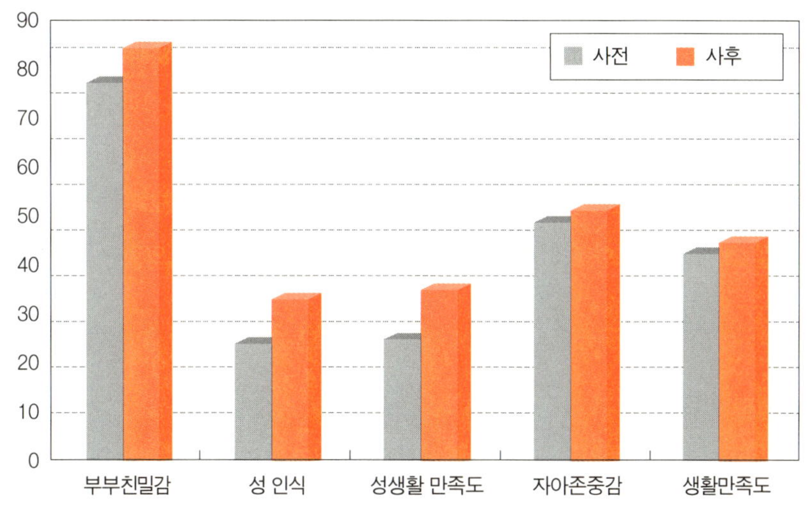

(1) 부부친밀감

부부친밀감의 개념을 살펴보면, 상대방과 함께 느끼는 긍정적이고 밀접한 느낌, 사람의 관계에서 상처받은 마음의 공유, 두 사람이 생각하고 느끼고 행동하는 방식에 있어서 유사성이나 차이점을 발견하기 위하여 서로 가까워지는 과정 등 다양한 의미를 내포하고 있다.

부부친밀감은 정서적 친밀감, 성적 친밀감, 취미·여가 친밀감, 지적 친밀감 등이 포함된다.

부부친밀감은 사전점수는 평균 80점으로 매우 높은 편이며, 사후점수는 평균 88점으로 8점이 증가하였다. 전문 성 리더 양성 프로그램을 통해서 부부가 함께 공감하고, 생각하고, 이야기하는 등 다양한 상호작용을 통해 부부친밀감을 높일 수 있는 기회가 제공된 것으로 사료된다. 기라성 프로그램을 통해 부부대화 시간이 많아지면서 프로그램에 긍정적인 영향을 미쳐 부부친밀감 평균 점수가 증가하였다(〈표 4-1〉 참조).

(2) 성 인식

성 인식이란 개인이 갖는 성적인 느낌, 욕구, 태도, 중요도 등에 대한 인식을 말한다.

성은 인생 전반에 걸쳐 꾸준히 발달하여 충동과 본능에 의한 동물적 행위가 아닌 이성과 감정 및 정신의 종합적 작용의 통제 및 조절이 가능하고 타인과 인격적으로 만날 수 있도록 건전하게 형성되는 것이다.

사전검사에서는 노인이 되어서도 성생활에 대해 누군가에 터놓고 이야기 하는 것에 대해 거부감이 많았으며, 노년의 성에 대한 중요성이나 긍정적인 성 인식이 평균 23점으로 나타났다. 하지만 전문 성 리더 양성 프로그램을 수료하고, 노년의 성에 대해 참여자 입에서 성에 관련된 이야기가 자연스럽게 나올 수 있었고, 이런 이야기는 부끄러운 현상이 아닌 자연스러운 생활의 일부가 되었다(〈표 4-1〉 참조).

현 노인들에게는 성교육이 보편화 되어 있지 않았고, 노년의 성교육 또한 매우 낯설고 프로그램 초기 저항 또한 있었다. 하지만 프로그램에 직접 참여함으로써, 성 인식이 고쳐짐을 볼 수 있었다.

(3) 성생활 만족감

노년기의 성생활 만족감은 신체적·정신적·사회적인 요인에 의해 복합적으로 영향을 받고, 특히 노인에게 있어 직접적인 성행위가 성생활 만족도에 영향을 미치는 정도는 적다(David & Week, 2003; 임정남, 2008 재인용). 활발한 성생활과 친밀한 관계를 유지하는 노인은 그렇지 않은 노인보다 삶의 만족도 수준이 높다.

　사전점수는 평균 24점, 사후점수는 평균 35점으로 평균 11점이 증가하였다(〈표 4-1〉 참조). 이를 세부적으로 살펴보면, 사전검사에서는 노년이 된 후 성생활의 빈도가 낮고, 배우자와 함께 성문제를 터놓고 이야기를 하는 시간이 존재하지 않았음으로 사료된다. 그리고 애무나 정서적인 노년의 성생활에 대한 인지 부족으로 성생활 만족감이 낮게 나타났다. 그러나 노년기의 신체적인 변화부터 시작하여 노년의 성생활에 대해 배우고 직접 실천함으로써 사후검사의 성생활 만족감은 증가하였다.

(4) 자아존중감

　자아존중감은 개인이 자신에 대한 주관적인 평가로, 자기 자신에 대해 자랑스러워하고 가치 있게 여기며, 자신을 인정하고 좋아하는 정도이다. 자아존중감은 사전검사보다 평균 2점이 증가했다(〈표 4-1〉 참조). 성생활은 노인들의 건강한 자아개념을 유지하게 해 주고, 불안을 제거하기 위한 배출구로서 작용하며, 신체적인 재충전과 활력을 제공함으로써 우울로부터 탈출할 수 있도록 돕는 지지의 역할을 한다고 하였다(Ebersoles & Hess, 1994; 임정남, 2008 재인용).

(5) 생활만족도

　생활만족도는 한 개인이 노화하여 간다는 현실에 성공적으로 적응힘으로써 얻을 수 있는 '성공적 노화상태'라고 볼 수 있는데, 여기서 한 개인이 가지고 있는 가치관·자아 개념 등에 의해 장기간에 걸쳐 복합적으로 형성되는 연속적인 과정의 결과이다.

　프로그램 참여자들의 생활만족도는 평균 2점이 증가했으며(〈표 4-1〉 참조), 이는 기라성 프로그램이 전반적의 노년기 삶에 긍정적인 영향을 미쳤다고 볼 수 있다.

　프로그램에 참여한 어르신들은 전직 공무원, 교사 등 일정한 사회적 위치 경험으로 퇴직을 하고 복지관을 이용하는 어르신들이 대부분이다. 이에 전반적인 삶의 만족도는 매우 높은 편이다. 이는 생리적·심리적·사회적 조건 속에서 노인 자신의 과거-현재 전반적인 생활에 대한 기대와 현실적인 충족감이 합치되는 주관적인 만족감이 매우 높다고 말할 수 있다.

2) 전문 성 리더 양성 프로그램 만족도

프로그램에 대한 전반적인 평가를 살펴보면, 전문 성 리더 양성 프로그램의 만족도는 평균 87점으로 프로그램의 회차, 횟수, 진행시간 등 프로그램의 구성에 대해서는 높은 만족도를 보였으며, 특히 외부 강사의 강의에 대한 만족도가 높았다.

노인의 성을 주제로 한 프로그램의 필요성에 대해 참여자들 또한 높은 교육 욕구를 보였으며, 이러한 프로그램이 다양한 곳에서 진행되어야 한다고 응답하였다.

프로그램이 종료되어도, 한 달에 한 번씩 노년의 성교육이나 건강한 노후를 위한 주제로 테마별 강의가 진행되면 좋을 것 같다라는 의견이 나왔다.

3) 기라성 프로그램의 효과성과 의의

(1) 소외되었던 노년의 성에 대한 인식 제고

10대, 20대의 성교육의 중요성은 예방적 차원에서 보편적으로 인지되어 있지만, 노년의 성에 대한 프로그램이나 중요성에 대해서 간과되었던 것이 사실이다. 실제로 프로그램에 참여한 노인들 또한 노인의 성을 터부시하고, 잘못된 고정관념에 사로잡혀 있었다. 그러나 노년의 긍정적 성 인식 제고를 위한 프로그램을 통해 양성된 전문 성 리더들이 적극적인 역할을 수행함으로써, 노년기 성의 인식이 긍정적으로 향상되었다고 사료된다.

(2) 노-노 눈높이에 맞춘 노인 성교육 강의안 개발

전문 성 리더들이 직접 프로그램에서 배운 내용을 기반으로 외부 성교육을 진행할 수 있는 노인 성교육 강의안을 개발하였다. 강의안을 개발할 때, 담당자는 적절한 개입과 도움만 주었을 뿐 강의 내용의 서론, 본론, 결론 등은 모두 리더들이 정하고 스스로 결정하는 중요한 역할을 하였다. 이것에 대한 효과는 강의에 대한 모든 권한을 노인 전문 성 리더들에게 부여했기 때문에 강의를 하는데 보다 자신감을 가져 원활한 강의가 진행되었다.

전문 성 리더들이 작성한 강의안을 통해 보다 전문적인 역할을 수행할 수 있었으며, 제2기, 제3기 그밖에 타 지역 내 복지관에서도 자체적으로 전문 성 리더 양성 및 외부 성교육 활동을 하는데 어려움이 없을 것이며, 이는 지역사회에 보다 큰 파급효과를 일으킬 것으로 기대한다.

(3) 지역사회 노년의 긍정적 성 인식 제고 및 지역사회 노년의 성 중요성 보급

지역사회 내 경로당, 종합사회복지관, 노인종합복지관 등 다양한 곳에서 노인이 노인에게, 연배가 같은 대상자에게 성교육을 진행하면서 노년의 성은 부끄러운 것이 아니며, 중요시되어야 한다는 작은 메시지를 알려주기 시작했다. 이는, 노년의 삶의 질에 긍정적인 영향을 미칠 뿐만 아니라, 인식 전환과 적극적인 계몽운동이 될 수 있다. 또한, 교육에만 그치는 것이 아니라, 캠페인, 지역 설문조사, 홍보물 배포 등 다양한 방법들을 찾아 리더들 스스로가 해냄으로써 그 행위 자체가 노년의 중요성을 보급하는 수단이 될 것이다.

(4) 노인들의 전문 성 리더 역할 부여를 통해 역할 인식 및 자아존중감 고취

전문 성 리더 양성 프로그램을 통해 양성된 총 30명 전문 성 리더들이 외부 성교육을 진행하고 준비하는 과정에서 리더 역할 인식 및 자아존중감이 향상되어 적극적으로 리더 역할을 수행하였다. 그중에는 소극적으로 대처하는 리더들도 있었지만, 배제하지 않고 작은 도움, 행동들을 요구하며 함께 인식을 전환할 수 있는 활동들을 병행하였다. 이에 노년의 새로운 여가생활의 장을 마련하였으며, 개인의 만족감뿐만 아니라, 지역사회에 이바지할 수 있는 역량강화된 노년의 상을 제시하였다.

(5) 성교육에 머무르는 것이 아닌 또 다른 취미활동으로의 방향성 전환

우리는 교육 기간 동안 리더 그룹에 대한 다양한 활동들을 추천했다. 부부 웰빙댄스, 부부 요가, 부부가 함께 할 수 있는 취미·여가활동을 권장하고 실제로 복지관 내에서 프로그램 동아리로 육성하면서 그들이 즐기고 원하는 프로그램을 찾게 하였다.

강의를 통해 전문 성교육을 수강하여 개인의 정보능력이 향상되었다면, 이를 유지하고 향상하기 위해서는 또 다른 활동들로 시너지효과를 얻고자 했다. 이에, 부부 웰빙댄스를 배우며, 여러 차례 외부 강의를 진행할 때마다 공연을 준비하며, 리더들 스스로가 긍정적 노인의 상을 제시할 수 있는 계기를 마련하였다. 댄스 의상을 같이 맞추며, 부부가 동작을 구현하면서 자연스럽게 스킨십이 유도되었다. 춤을 추는 동안에는 서로 눈 맞춤이 자주 이뤄졌으며 상대방을 이해하고 배려하는데 보다 긍정적으로 변화되는 모습들을 찾아 볼 수 있었다. 이것은 프로그램 초기 부부관계에서 문제시 되었던 부분들이 자연스럽게 해소되는 것들을 쉽게 발견할 수 있었으며, 노년의 긍정적인 활동들이 삶을 연장하고 건강한 노후를 보내는 데 얼마나 큰 일조를 하는지 여실히 보여주는 결과라 할 수 있겠다.

4) 프로그램 제언 및 향후 방향성

(1) 노인의 성을 위한 교육과 정책 도입

서울의 한 노인복지관에서 그것도 30명이라는 적은 인원이 아무리 많은 활동을 한다해도 교육을 진행하고 인식을 변화하는 데는 많은 환경적 제약이 따르는 것이 사실이다. 우리는 이 작은 행동과 실천들로 매우 벅찬 감동과 흥분을 느꼈지만, 한 기관에서 또는 몇몇 리더들이 행동을 하는 데 있어서는 매우 한계일 것이다. 이에, 우리는 보다 많은 노인들이 더 늦기 전에 노인의 성이 얼마나 중요한지, 성을 위한 아름다운 행동들에는 어떤 것들이 있는지 깨닫게 되길 바라며, 여생을 보다 자기 자신을 위한 다양한 활동들로 행복해졌으면 하는 것이 작은 바람이다. 이를 위해서는 보다 많은 노인들에게 성과 관련된 교육들이 이뤄져야 하며, 이를 위해서는 제도적·정책적인 도입이 이뤄져야 한다. 교육의 의무화, 교육의 현실화, 성의 중요성 인식 등은 우리 자손들을 길러주신 노인들에 대한 사회적 책임이자, 의무이지 않을까 생각한다.

(2) 전문 성 리더 양성 프로그램

전문 리더들을 양성해보니, 리더들 스스로가 보다 현실적이고 구체적인 아이디어들을 제시해왔다. 이는 일단, 교육에 참여하고 배우고 나서는 누구보다 중요하다는 것을 노인 스스로가 깨닫게 되었다는 것이다. 이를 위해 노인들 스스로가 자신들의 성을 지켜내고 활동하기 위한 리더 그룹의 양성이 필요하다. 권역별, 혹은 지역별로 리더 양성 아카데미가 구성되고, 리더 워크숍 등이 실현되어 보다 많은 노인들의 적극적인 활동을 기대해본다. 1기가 2기를, 2기가 3기를 양성하는 형태로 노인들 스스로 주제를 찾고, 교육내용을 선정하는 등 다양한 활동들이 노인들에게 주어진다며, 보다 풍요롭고 윤택한 노년의 삶을 지향하게 될 것이다.

(3) 전문 성 리더 자조모임 및 표준화된 노인 성교육 강의안 개발

현재 서울시에서 운영하는 시니어봉사단의 정기적 모임 등을 통해 봉사활동을 스스로 찾게 하고, 활동 등을 원조하듯이, 노인 성 리더들이 자조모임을 통해 강의를 진행할 수 있는 장이 마련되어야 하며, 현재 약수노인종합복지관에서 제작한 강의안은 극히 일부에 지나지 않으며, 표준화되기에는 여러 가지로 미흡한 면이 많을 것이다. 이에 구체적인 강의

교육 아카데미, 연구팀, 강의시연, 지역사회 연계를 통해 강의 대상 모색 등 다양한 활동들이 노인들을 통해 이뤄질 수 있는 이상적인 방향으로 나아가야 할 것이다. 이 표준화된 강의안의 개발은 노인뿐만 아니라 다양한 계층에게 적용해도 노인의 성을 이해할 수 있는 강의안이 되어야 하며, 이를 위해 노인들에게 교육을 해보고 다듬는 과정을 통해 표준화된 강의안이 나와야 할 것이다.

(4) 리더십 강화 프로그램 개발

성 리더들을 양성했지만, 이중 30~40% 정도가 실제 강사로 활동을 하고 그 외 구성원들은 강의를 원조하는 보조적 역할들을 해왔다. 이에 대한 가장 큰 이유는 "쑥스럽다, 창피하다, 다 늙어서 무슨 주책이냐"는 반문들이었고, 강의를 경험해보지 못했기 때문이라는 반응들도 많았다. 그러나 실제 강의를 경험한 리더들은 내 평생 누구를 가르치는 일을 하리라고는 상상도 못했는데, 가르침이라는 것이 매우 뿌듯하고 말로 형언할 수 없는 일들이라는 감탄을 자아냈다.

교육을 하고 강의안을 개발하고는 노년의 성을 위한 활동들이지만, 실제로 강사로서의 자질과 역할에 대해서는 보다 많은 리더십 강화 프로그램이 도입이 되어 양질의 강사로 양성하는 데 이바지해야 할 것이다.

(5) 사회참여 기회 제공을 위한 노인일자리사업 연계

전문 성 리더 양성을 통해서 지역사회 외부 성교육 진행하는 다양한 기관과 연계하여, 일자리를 창출하는 노인일자리사업과 연계하는 것이 필요하다. 어르신들의 사회참여 기회를 확대하여, 전문 성 리더들의 역할 수행과 지역사회에 노년의 성에 대한 긍정적인 성 인식 제고를 위해 교육을 진행함으로써 어르신들의 능력을 향상시키고, 지역사회에 이바지할 수 있는 좋은 방법이라고 사료된다.

이제야 깨달은 노년의 성에 대한 중요성
- 따뜻한 관심과 배려, 애정과 사랑 지금부터 시작입니다-

전문 성 리더 전근무

처음 몇 시간은 전체 분위기도 부정적이었을 뿐만 아니라, 여러 사람들이 모인 공개된 장소에서 성에 관한 말 그 자체가 금기시되고 폐쇄된 삶을 살아온 저에게는 부끄럼 그 자체였습니다.

하지만 저는 시간이 지나면서 나도 모르게 변해가는 우리를 느끼기 시작했지요. 밥을 먹으면서도 오늘 들은 강의 내용을 마음속에서 거리낌 없이 주고받으면서 계면쩍은 듯 한바탕 웃음으로 터트리기도 하면서 성에 대한 인식이 자연스러운 관심으로 변하기 시작했습니다. 저희 부부는 언제부터인지 각방을 사용했는데, 합방하게 되었고 노년기의 성생활은 육체적인 쾌락만이 아닌 마음과 마음이 하나 되어, 서로 존중하고 아끼고 사랑하며 세상에 둘도 없는 진정한 친구가 되어 살아가는 것이 노년기 성생활의 일부라는 것을 깨닫게 되었습니다.

공원이나 전철, 버스에서 젊은이들의 애정표현을 볼 때, 눈살을 찌푸리곤 했었는데, 애정과 사랑하는 마음이 담긴 아름다운 모습으로 보게 되었습니다. 30년 전에 내가 이런 성교육을 받았더라면 하는 아쉬운 마음이 들었고, 지금이라도 기라성이라는 교육을 듣게 되어서 행복합니다. 얼마 남지 않은 짧은 삶이나마 보람 있게 보내야겠다는 마음을 가지게 한 유익한 교육이었습니다. 내가 배우고 터득한 노년의 성에 관한 새로운 지식과 상식을 사회에 환원해야겠다는 마음이 들어 전문 성 리더 강사가 아닌, 한 노인으로서 외부 성교육 진행을 참여했습니다. 강의를 준비할 때 노인들이 "이 나이에 무슨 성교육이야?"하는 부정적이고 터부시한 분위기를 나도 알고 있기에 강의 준비를 어떻게 시작하고, 준비하면 좋을지 많은 고민을 했습니다.

노-노의 눈높이에 맞게, 내가 기라성이라는 프로그램에서 배우고 느낀 것을 바탕으로 준비했습니다. 제 교육을 들으시고 단 한 가지만이라도 마음속에 유익하게 남는 이야기가 있다면 교육에 의의가 있다는 믿음으로 외부 성교육을 진행했습니다.

이웃이나 친구 또는 자손들에게 노년의 성에 대해 작은 도움과 이 부분에 대해 생각할 수 있는 기회를 줄 수 있다는 일은 얼마나 좋은 일입니까? 강의가 끝난 후 엘리베이터 앞에서 강의를 들은 어르신들이 좋은 것을 알려주셔서 고맙다는 말을 저에게 건네는 순간 저는 참 많은 보람을 느꼈습니다. 기라성 프로그램을 진행한 복지관에 감사드리고, 숙연한 마음으로 지역 주민, 어르신들에게 전파하여, 아름다운 황혼! 제2의 사랑을 찾고, 즐겁고 활기찬 노년을 보내는 노인들이 많아지기를 빌어봅니다.

감사합니다.

'기' 막히게 '아'름다운 노년의 '성'
지금부터 시작입니다!

사회복지사 조여진

1년 동안 기라성 프로그램을 진행하면서 정말 많은 일들이 있었습니다. 노년의 성교육 공개 강의를 시작하여, 프로그램 참여자 모집, 전문 성 리더 양성 프로그램 12회기 진행, 수료식, 리더십 강화 워크숍, 외부 성교육 진행, 노년의 긍정적 성 인식 제고를 위한 캠페인 진행 등 다양한 일들을 전문 성 리더들과 함께 했습니다.

노인문제 중 노년의 성에 대한 중요성과 긍정적인 인식 제고를 위한 방법은 무엇일까? 지역사회에 어떻게 이바지할 수 있을까?부터 시작되어 노-노의 눈높이에서 어르신들이 직접 전문 성 리더가 되어 같은 연배인 친구들에게 노년의 성에 대한 중요성을 이야기해주고자 시작되었습니다.

어르신을 대상으로 성교육을 진행한다는 것은, 쉬운 일이 아닙니다. 현재 어르신들이 살아 왔던 시대는 성교육을 받거나, 성에 대해서 금기시하는 사회였습니다. 또한 현재 어르신들은 자녀 출산과 양육, 이제는 손자 손녀까지 있어서, 성교육에 대한 반응은 당연히 낯설고, 거부 반응이 있을 거라고 예상했습니다. "성교육은 젊어서 받는 것이지, 다 늙어서 무슨…. 노년의 성? 뭐지?"라는 반문에서부터 프로그램이 진행됐고, 2회기, 3회기…. 회기가 거듭날수록 노년의 성이 왜 필요하고 중요하다는 것을 몸소 느끼고 변화되는 어르신들의 모습을 보면서 참 보람되었습니다. 회기가 지날수록 프로그램에 참여하는 모습이 적극적으로 변화하였고, 마지막 교육시간에는 "기라성 교육을 몇 살이라도 젊었을 때 들었으면, 더 좋았을 텐데. 지금이라도 행복하다"고 소감을 말씀하신 어르신들을 보면서 노년기 성 인식 변화에 걸맞은 프로그램이었구나, 앞으로 어르신들의 삶에 대한 필요한 프로그램을 어르신들의 다양한 욕구에 맞도록 개발해야 함을 다시 한 번 느꼈습니다.

첫 외부 성교육 진행은 담당자 또한 떨렸고, 리더 어르신도 떨리는 마음으로 노년의 성에 대한 중요성 강의를 동년배 친구들에게 꼭 알려주고 싶다는 의지로서 리더 역할을 수행했습니다. 강의는 노인의 눈높이에 맞는 강의안을 가지고 왜 노년의 성이 중요한지, 노년의 정서적인 사랑의 중요성에 대해 공감하면서 진행됐습니다. 리더 역할로서 지역사회에 이바지하는 모습을 보면서 어르신들의 보람된 노후생활에 조금이나마 보탬이 되었다고 생각합니다.

어르신들의 눈높이에서 공감하고 소통하는 프로그램을 통해서 노년의 긍정적 성 인식 제고를 위해서는 지금부터가 시작입니다. 노인을 대상으로 행복한 노후를 보내기 위한 방법으로 노년기 성의 중요성 교육, 노년의 긍정적 성 인식 제고를 위한 활동은 미흡했지만 조금이나마 이 책을 통해서 많은 곳에서 프로그램화하여 진행하였으면 하는 작은 바람입니다.

강의
프레젠테이션

목 차

Ⅰ. 노년기의 성

Ⅱ. 노년기 부부 성생활 원칙

Ⅲ. 양성평등의 개념과 이해

Ⅳ. 노년기의 성병 예방

Ⅴ. 노년기의 올바른 성 지식 퀴즈

Ⅰ. 노년기의 성

성의 개념?

성(性)은 마음(心)과 몸(生)이 결합한 글자로서 성행동이나 쾌락을 의미하는 것이 아니라, 남녀의 신체적 생리적인 차이와 성행동은 물론 가치관, 태도, 감정, 신념 등 심리적/문화적인 면을 모두 포함하고 있다.

노년기 성생활과 자아존중감

성생활이 노인들의 건강한 자아개념을 유지시키고, 불안을 제거하기 위한 배출구로서 작용하며, 신체적인 재충전과 활력을 제공함으로써 우울로부터 탈출할 수 있도록 돕는 지지적 역할을 한다.

노년기 성생활과 부부친밀감

배우자와의 정서적 관계가 친밀할수록 만족스런 성생활을 하고, 결혼생활의 만족감은 더 높은 빈도의 성적 활동으로 이어진다.

부록: 강의 프레젠테이션

• 성생활은 단지 성의 교합만이 전부는 아니다.
• 사랑하는 사람과의 손잡기, 입맞춤, 포옹하기,
대화하기, 함께 산책하기, 자위행위 등 다양한
방법들이 성적 표현이며, 행복한 부부관계를
유지하는 방법이다.

• 동성친구 5명보다 이성친구 1명이 정서적/신체적
으로 안정된다.
• 노년기의 성은 정신적 의미가 더욱 강하다.
• 노년기의 지속적인 성생활은 노후의 삶의 질을 높
일 수 있다.
• 노인의 '4고' 중 성생활로 고독감, 소외감, 외로움을
해소할 수 있다.

II . 노년기 부부 성생활 원칙

발기집착의
성문화에서 벗어나기

부부 성생활
원칙

• 성관계 시간은 중요치 않다. 남들과 비교하지
않는다.
• 평소 적당한 운동을 하라.
• 성 보조기구나 영상물 등 적당한 성적인 자극
을 즐겨라.
• 충분한 숙면은 필수, 술과 담배를 멀리하라.

부부교감
형성을 위한
과제

• 하루에 3분 이상 안아주기
• 하루에 10분 이상 둘만을 위한 대화시간 갖기
• 일주일에 한 번은 배우자의 발 씻어주기
• "사랑해, 고마워"라는 말을 하루에 5번 이상
하기
• 일년에 한 번은 둘만을 위한 여행가기

• 자신의 문제가 무엇인지 상대방에게 털어놓고 협조 구하기
• 어떤 정신적 스트레스가 성욕을 감소시키는지 협조 구하기
• 어떤 내면적 갈등으로 괴로워하는지 상호 간에 좋은 치료자 되어주기

III. 양성평등의 개념과 이해

남자	여자
진취적	순종적
사회적	의존적
능동적	수동적
강인함	온화함
씩씩함	상냥함

성 고정관념이란

- 특정 성에 대한 부정확한 지식과 잘못 알려진 성 역할에 대한 고정적인 생각 또는 관념
  - 남자는 울면 안 된다.
  - 여자는 조신해야 한다.
  - 남자는 부엌에 들어오면 안 된다.

차이와 차별

- 차이란?
  - 서로 같지 않고 다른 것
- 차별이란?
  - 둘 이상의 대상을 정당한 기준 없이 불평등하게 대우하는 것

성 차이일까요? 성 차별일까요?

여자는 아이를 낳을 수 있고,
남자는 낳을 수 없다.

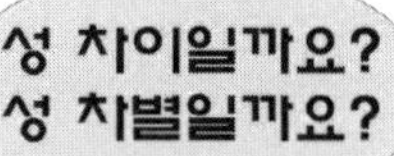

소변을 볼 때 남자는 서서 보
고, 여자는 앉아서 본다.

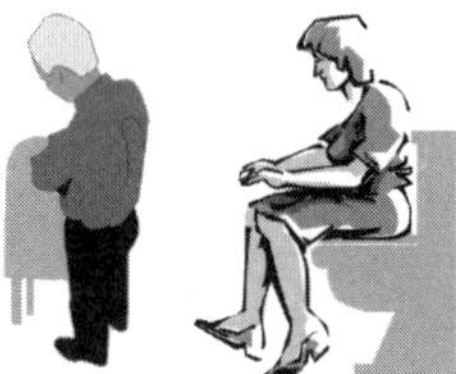

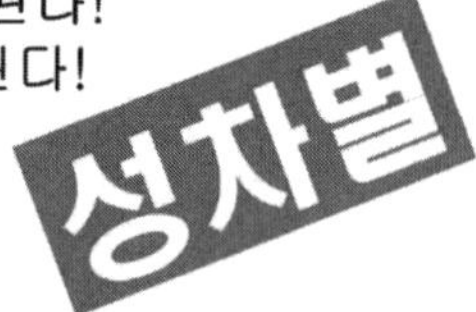

• 여자는 집안 일만 잘 하면 된다!
• 여자는 시집만 잘 가면 된다!
• 남자는 능력이 있어야 된다!
• 장남이 최고다!

집안일에는 남성이 할 일과
여성이 할 일이 따로 있다.

NO!!

손녀는 여자답게
손자는 남자답게 키우는 것이 좋다

NO!!
~답게가 아닌 그들을 있는 그대로 존중해 주기

양성평등

남자와 여자 성이 다
르다는 이유로 남녀
차별을 하지 않고, 능
력에 따라 조화와 협
력으로 평등하게 생활
하는 것이다.

남자, 여자가 아니라 각자의 성격, 소질,
능력에 맞게 **조화와 협력으로 평등하게
생활**하는 것이다.

• 남녀의 성의 기준이 아니라 능력과
적성에 따라 균등하게 기회를 준다.
• 모든 일은 남녀가 서로 협력해야 한
다.

IV. 노년기의
성병 예방

성병이란?

• 성병은 주로 사람과 사람의 성 접촉으로 전파되는 질환으로 병원체로는 30개 이상의 세균, 바이러스, 원충을 말한다.

• 성병의 종류에는 매독, 임질, 인체 유두종 바이러스, 곤지름, 트리코모나스/칸디다 질염, 사면발니 등이 있다.

성병 전파양식

성병은 성병에 감염된 사람과의 성 접촉(구강, 질, 항문)으로 전파되며 일부 성병은 임신 중 태반조직을 통해 태아에게 전파되며 분만 시 신생아 감염을 일으킬 수 있다.

성병의 종류

• 세균감염: 매독, 임질, 비임균성요도염

• 바이러스 감염: 후천성 면역 결핍증(AIDS), 음부포진, 곤지름

• 기생충 감염: 트리코모나스 질염

• 곰팡이 감염: 칸디다 질염

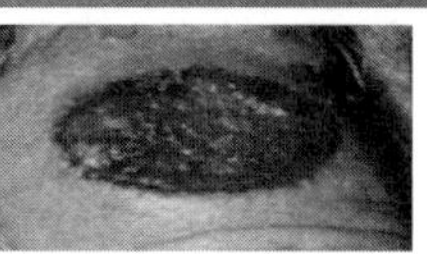

매독

- **원인**: 트레포네마 팔리듐균에 의해 발생하는 성병
- **증상**: 매독 1기 증상은 피부궤양임. 궤양은 매독균이 피부 접촉을 통해 들어간 그 부위에 생기며, 성기 부위나 항문 주위에 발생함. 3~6주 정도 지속되며 자연적으로 호전, 그러나 적절한 치료를 하지 않으면 2기 매독으로 진행됨
- **치료**: 1기, 2기 등 초기 매독의 경우 페니실린 근육주사를 맞으면 호전됨

임균성요도염(임질)

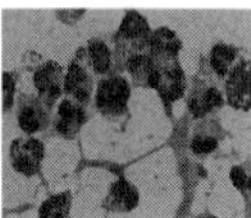

- **원인**: 성행위를 통해 감염됨 임균은 남성 및 여성의 비뇨생식기에 염증을 일으킴
- **증상**: 남성의 경우 급성 요도염이 가장 흔하며 2~7일 정도 후에 배뇨통을 동반한 고름 분비물이 요도를 통해 배출, 여성의 경우 감염 후 대체로 10일 내에 자궁경부염의 형태로 나타남
- **치료**: 항생제 치료가 필요함

곤지름

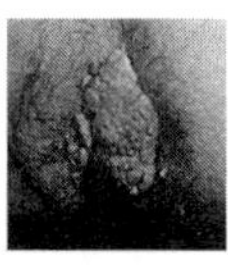

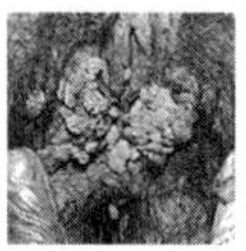

- **원인**: 인체 유두종 바이러스(HPV)에 의해 생기며, 성기 사마귀는 가장 흔한 성인성 질환임. 대개 성교 시 2~3개월 후에 피부병변이 나타남
- **증상**: 성기나 항문 주위에 닭벼슬 모양으로 번지는 사마귀이며 부드럽고 건드리면 쉽게 피가 남
- **치료**: 레이저를 이용해 도려내거나 화학약품으로 녹여냄

소변, 혈액, 분비물 등의 검체를 채취하여 임상 진단과 실험실 진단검사법을 통해 진단하며, 바이러스 성병을 제외하고는 대부분의 성병은 완치가 가능하므로 조기 진단하여 완치될 때까지 꾸준한 치료를 하는 것이 중요하다.

• 정확한 콘돔 사용은 성병 전파를 감소시킬 수 있고, 감염 시 완치될 때까지 성접촉을 금하고 성 상대자도 치료를 받아야 재감염을 예방할 수 있다.
• 한 번 감염되어 치유되었더라도 다시 감염될 수 있고 증상이 뚜렷이 나타나지 않으므로 검진을 통해 조기 발견하여 치료하는 것이 무엇보다 중요하다.

V. 노년기의 올바른 성 지식 퀴즈

노년기의 올바른 성 지식

OX 퀴즈

- 마른 남자는 음경이 크고, 비만한 남자는 음경이 작다.( )
- 자위행위는 건강에 해롭다. ( )
- 키스를 통해 성병이 감염될 수 있다. ( )

- 성병에 걸리면 5일 이내에 성병 감염을 알 수 있다. ( )
- 한 번 임질에 걸려서 치료를 받으면 다시는 임질에 걸리지 않는다. ( )

노년의 성

지극히 당연한 것이며,
남은 여생을 위해 각자의 방법으로
노년의 성을 만끽하라!

국외 · 국내 문헌자료

Block, Joel D., Bakos, Susan Crain(1999), *Sex over 50*, Prentice Hall Press.

강순화(1994), 「집단상담에서의 언어반응 유형과 관련 변인과의 관계 및 효과에 관한 연구: 상담자 교육에서 마라톤 형태의 집단을 중심으로」, 이화여자대학교 박사학위논문.

고려대학교부설 행동과학연구소편(2000), 『심리척도 핸드북2』, 학지사.

권명숙(2002), 「노인의 성에 대한 탐색적 연구」, 연세대학교 대학원 박사학위논문.

김경자(2002), 「여성노인의 성 인식이 삶의 만족도에 미치는 영향에 관한 연구」, 한림대학교 사회복지대학원 석사학위논문.

김기영(2005), 『다시 찾은 성의 르네상스 누가 노인의 성을 억압하는가』, 상상나무.

김승국(2003), 「노인들의 삶의 질에 여향을 미치는 성생활에 관한 연구」.

김영애(2002), 『인간관계 및 부부관계 개선을 위한 사티어 의사소통 훈련프로그램』, 김영애가족치료연구소, p 169~170.

김영종(2010), 『사회복지조사방법론』, 학지사.

김요완(2001), 「부부의사소통 유형과 성 지식 수준의 성만족도와의 관계연구」, 『연세학술논문집』, 33호.

김지현(2005), 「노인의 성생활실태, 성 인식 및 성생활 만족도에 관한 연구」, 이화여자대학교 대학원 석사학위논문.

서규광(2008), 「교회 내 중년 부부 관계 향상 프로그램 사티어의 의사소통 중심으로」, 한남대학교 신학대학원 석사학위논문.

신라대학교 가족상담센터(2009), 『행복 가족 레시피, 가족 생활 교육 프로그램 매뉴얼』, 창시사.

안계일(2008), 「노인의 여가활동과 여가만족 및 성공적 노화의 관계」, 경기대학교 일반대학원 박사학위 논문.

양애경 외(1999), 「성인지교육 프로그램 개발-지차체의 여성정책부서 공무원 대상」, 『한국여성개발원』, p 152~154.

유민지·이기숙 외(2000), 「노년기 가족관계 향상을 위한 프로그램 개발 및 평가」, 『한국노년학회』, 21(3), p 91~110.

이미정, 〈노년시대신문〉, "노인의 성, 배우자 이해와 배려가 우선", 2009년 9월 22일자.

유수경(2000), 「독신노인의 성과 생활만족도에 관한 연구」, 이화여자대학교 사회복지대학원 석사학위 논문.

유양옥(2005), 「교회 내 부부관계 향상을 위한 의사소통 효율성 연구」, 총신대학교 석사학위논문.

이경희(1998), 「한국노인복지정책의 실태와 발전방향」, 단국대학교행정대학원 석사학위논문.

이기숙 외(2001), 『결혼의 기술』, 신정.

이창은(1999), 「노인의 성생활인식도와 삶의 만족감과의 관계」, 한양대학교 대학원 석사학위논문.

이희영(2003), 『현재사회와 노인복지』, 아산사회복지재단.

임장남(2008), 『노인 성교육 프로그램의 이론과 실제』, 대왕사.

임춘식(2008), 『성은 늙지 않는다』, 동아일보사.

전병재(1974), 「자아개념 측정가능성에 관한 연구」, 『연세논총』, 11호.

정인숙(2000), 「노인의 원인 귀속 유형 및 자아존중감에 따른 생활만족감 연구」, 동아대학교 대학원 박사학위
    논문.
주상애(2005) 「노인 부양 스트레스가 가족친밀감에 미치는 영향」, 선문대학교 석사학위논문.
차용석(2005), 「동해시 노인의 성생활실태와 삶의 만족감과의 관계에 관한 연구」, 상지대학교행정대학원 석사
    학위논문.
한국노년학포럼(2011), 『노년학 척도집』, 나눔의집. p 20.

인터넷자료

영화·연극 포스터 http://movie.naver.com.
강남여성병원 http://blog.naver.com/agi_smile75?Redirect=Log&logNo=30044390315.
서울아산병원 http://www.amc.seoul.kr.
대전대학교 대전한방병원 건강정보 http://djudj.or.kr/health/column.php.
부록 프레젠테이션 성병 관련 자료 http://health.naver.com.